Sabrosuras Boricuas

¡Recetas criollas puertorriqueñas con un toque moderno!

ISBN-10: 0-9762088-1-4
ISBN-13: 978-0-9762088-1-5
1era. edición (español), marzo 2006
Cubierta: *Arroz con Pollo*

Impreso in Hong Kong
Publicado por Apple Valley Partners, LLC, Atlanta, GA, USA

Sabrosuras Boricuas

¡Recetas criollas puertorriqueñas con un toque moderno!

Erisbelia Garriga

Agradecimientos

Agradezco a todos los que en una forma u otra han contribuido el hacer realidad este recetario. Igual a familiares y amigos que siempre me estimularon a poner por escrito las recetas de las sabrosuras que preparábamos cuando teníamos reuniones sociales en la casa.

Reconozco especialmente la contribución de mis padres que tuvieron la amabilidad de contarme cómo se hacían/preparaban ciertos platos durante su época y por preparar muchas de ellas para asegurarse que las medidas eran las correctas. En su época todo se hacía "a ojo".

Agradezco, además, la gentileza de los señores Roberto Santana y Julio Viloria de "La Marqueta de Williamsburg" por permitirnos tomar fotografías de algunas de las viandas que aparecen en el libro. "La Marqueta de Williamsburg" está localizada en el 108 Moore Street, Brooklyn, NY. Teléfono, 718-384-1371. (Las fotos fueron tomadas el 7 de mayo de 2003.)

Reconocimientos

A Julio, mi hermano menor, por constantemente preguntarme cuándo vamos a sacar el libro de cocina. A Manuel por nunca decir no a todos mis pedidos, desde corregir el texto hasta probar algunos de los platos, por su apoyo y valiosas recomendaciones. Igual a Auri, Maria Luisa, Junior y Anita. Y a todos aquellos familiares y amistades que han contribuido en una forma u otra con la realización de este proyecto. Y a todas las personas que quieren seguir disfrutando de nuestras sabrosuras boricuas . . .

Las siguientes recetas son de otros miembros de la familia y una amiga:

1. Batidos - Aurelia Garriga
2. Cuajito -   Gladys Illas-Morales
3. Dulce de Coco con Tomate – Carmen Meléndez
4. Flan/Pudín Diplomático - Arturo Garriga
5. Mazamorra – Ana M. Villanueva
6. Parcharrón y Toronja Asada - Alberto Bonilla
7. Pasta - Conchas Rellenas - Laura Illas-Bermúdez
8. Pasta de Mango - Isabel Laguer
9. Pasta Fetuchini con Pollo - José M. Garriga, Jr.
10. Pollo Asado con Jengibre – María Luisa Garriga
11. Salsa de Mayonesa y Picadillo de Tomates – Vanessa E. Garriga

En las fotos, el arroz con pollo y bacalao fueron preparados por Zaida González, igual los pasos en la prepación de los pasteles; el salmorejo de jueyes por don José y doña Zoraida González; el pollo con jengibre por Maria L.Garriga y los rellenos de papas por Ana M. Villanueva.

Diseño de cubierta:	Liliana Gutiérrez
Editor/Tipografía:	Julio Garriga
Fotografía:	Edgar Solís Photography
Otras fotos:	Vanessa E. Garriga, Ana W. Garriga, Alma Vilche

Nota: Agradezco a Jason Stemm (2003) la foto de especies (pág. 33); a Diane Ragone, del Instituto de la Pana del National Tropical Botanical Garden (2005) por la foto de la pana (págs. 143,179); y a Elis A.Alfi, Presidente de Alfi International, Inc. por las fotos de los cuchillos (págs 20-21).

Correctores:	Manuel A. Ramos, PhD; Aurelia Garriga, Ana M. Villanueva, José M. Garriga, Jr.

Tabla de contenido

RECETAS

Postres:

Otros Platos:

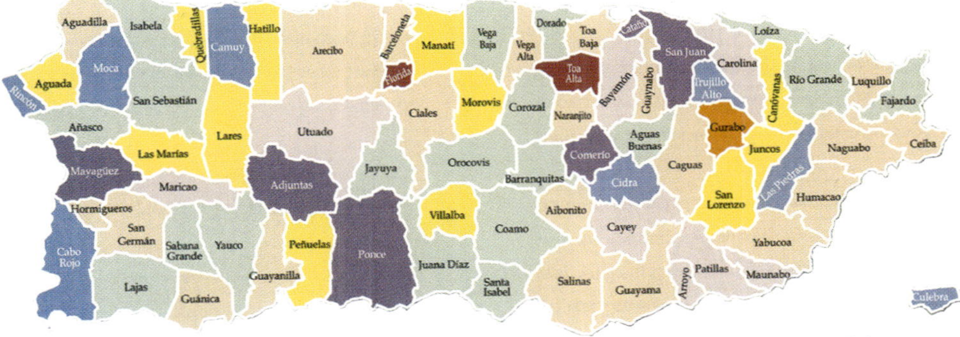

Aguadilla
Isabela
Quebradillas
Camuy
Hatillo
Barceloneta
Manatí
Vega Baja
Dorado
Toa Baja
Cataño
Loíza
Moca
Arecibo
Vega Alta
San Juan
Carolina
Florida
Toa Alta
Bayamón
Guaynabo
Trujillo Alto
Canóvanas
Río Grande
Luquillo
Aguada
Rincón
San Sebastián
Ciales
Morovis
Corozal
Naranjito
Gurabo
Juncos
Fajardo
Añasco
Lares
Utuado
Aguas Buenas
Caguas
Naguabo
Ceiba
Las Marías
Comerío
Mayagüez
Maricao
Adjuntas
Jayuya
Orocovis
Barranquitas
Cidra
San Lorenzo
Las Piedras
Humacao
Hormigueros
San Germán
Sabana Grande
Yauco
Peñuelas
Villalba
Coamo
Aibonito
Cayey
Yabucoa
Cabo Rojo
Lajas
Guánica
Guayanilla
Ponce
Juana Díaz
Santa Isabel
Salinas
Guayama
Arroyo
Patillas
Maunabo
Culebra
Vieques

Introducción

Los puertorriqueños tenemos nuestras raíces básicamente en tres grupos étnicos: los indios taínos, quienes eran los habitantes originales de la isla; los españoles, que colonizaron la isla en 1493, y los africanos, a quienes se les trajo para trabajar mayormente en la agricultura. A pesar de que la isla es española en tradición, ha tenido la influencia de otros grupos étnicos tales como los franceses, italianos, americanos, cubanos y dominicanos, entre otros.

Este libro de cocina presenta al lector una variedad de recetas clásicas, así como unas cuantas recetas nuevas. Las recetas clásicas son una colección de recetas de familia y las nuevas son el resultado de la experimentación e innovación, con los mismos ingredientes que ya conocemos. Muchos platos familiares se han recreado, a veces sustituyendo los ingredientes. Sabido es que algunos miembros de la familia, usando los mismos ingredientes, preparan los platos con un método propio y con la misma finalidad: un delicioso plato.

Crecí entre personas que les encantaba cocinar. Siempre sentí una admiración muy especial por una vecina nuestra, doña Angela Rodríguez, esposa de Sorodasi Alvarado, dueño del restaurante Café Puerto Arturo en Aguadilla, Puerto Rico.   (Estaba ubicado a la derecha de la Iglesia Católica San Carlos Borromeo, en la Calle José de Diego, frente al Hotel Borinquen.) Doña Angela preparaba los mejores bizcochos de boda en todo el pueblo. Se levantaba todos los días a las cuatro de la mañana para empezar a hornear sus hojaldres, pudines, y adornar los bizcochos. Cabe notar, que los mejores dulceros en Aguadilla, en su mayoría, eran analfabetos. Sin embargo, sus dulces mantenían la misma consistencia porque siempre usaban las mismas medidas: un cacharro o una taza hecha de higüera o de coco.

Aconsejamos que al preparar cualquier receta, se usen los ingredientes que pide. Vale repetir el hacer la receta más de una vez, antes de sustituir, reducir o eliminar los ingredientes al gusto. La sal y el azúcar se han dejado para que se usen a su gusto.

Los ingredientes que se usan en estas recetas se pueden conseguir en tiendas, bodegas o supermercados con productos hispanos. Con la tecnología moderna, muchos ingredientes se pueden ordenar usando la red de comunicaciones electrónica (internet). En el índice proveemos una lista de lugares donde se pueden ordenar esos ingredientes especiales que a veces son difíciles para conseguir en su vecindario. También se incluyen fotografías de muchos de los vegetales y viandas que se usan en la comida puertorriqueña, y que posiblemente se conozcan con otros nombres. Muchos de estos productos, asociados con la comida puertorriqueña, fueron traídos de otros países. Por ejemplo, el quimbombó se conoce como molondrón, (okra); la batata como boniato, entre otros.

Los puertorriqueños tienden a ser muy generosos en su cocinar: se cocina para la familia inmediata y "por si acaso" llega algún otro visitante. Sin embargo, se ha tratado de mantener las medidas para un número reducido de personas. (Hay algunos platos, como el sancocho, sopas y cocidos, que aun usándose un reducido número de ingredientes, rinden siempre una cantidad bastante grande.)

Para la mayor parte de los puertorriqueños, cualquier ocasión (boda, graduación, cumpleaños, bautizo, entre otras) es un motivo para celebrar con música y comida. La clase de comida que se sirve hoy día ha variado bastante durante los últimos años motivado por razones económicas, la escasez de algunos productos, la falta de destrezas culinarias en las nuevas generaciones, la influencia norteamericana con el uso de "comida ligera." Para algunas personas cocinar es una tarea, no un placer.

Cocinar es un arte que brinda satisfacción y placer cuando se hace con dedicación, un poco de imaginación y amor por la cocina. La satisfacción viene de los que aprecian, estiman la labor culinaria se deleitarán al saborear su comida. Estas recetas son para esas personas que les gusta la comida puertorriqueña pero que no saben prepararla o bien desean experimentar con nuevos métodos.

Cuando estaba creciendo, recuerdo que los domingos solíamos ir a la playa o visitar otros pueblos. Mi madre se levantaba a las 4 ó 5 de la mañana para cocinar lo que nos íbamos a comer de almuerzo bajo la sombra de un árbol. Casi siempre el menú era arroz con pollo, habichuelas coloradas (también llamadas **marca diablos**) y ensalada de lechuga, tomate y pepinillo.

Recuerdo aquellos días cuando nuestra familia acostumbraba celebrar la navidad yendo al campo en el pueblo de Moca, donde se celebraba con parrandas. (Las parrandas, para los que no conocen este término, se formaban por un grupo de familia, amigos y visitantes que llegaban sin anunciarse a alguna casa con música, cantando aguinaldos y villancicos. Se iba de casa en casa, donde se acostumbraba proveer la bebida y a veces preparar un sopón o asopao.) Las amas de casa se preparaban, por lo menos, con tres meses de anticipación con suficiente comida y bebida para los visitantes en la navidad, Día de Reyes, o cuando se hacían promesas a algún santo. La clase de comida que se servía era entre otros, pasteles, arroz con gandules con carne de cerdo, asopao de gandules, cuchifritos, lechón asado (pernil), morcillas, longaniza, almojábanas, varios dulces (dulce de lechosa, dulce de coco, arroz con dulce, pan de batata en hoja de guineo), coquito, cerveza fría, ron (cañita, un ron clandestino), gandinga *{Un plato exquisito, la gandinga se componía de las partes internas vitales del cerdo: esófago, riñones, hígado, y corazón. En los 1960, el Departamento de Salud de Puerto Rico prohibió comerse bofe y sangre del cerdo por el posible contagio de enfermedades. Los inspectores visitaban los mataderos para obligar a los empleados a que botaran los pulmones porcinos y la sangre de las reses o ganado vacuno. De no* *cumplir, los multaban y amenazaban con cerrar el matadero}.* Se asumía que al ir de parrandas ya muchos estaban medio borrachos, por lo que los dueños de las casas servían el asopao, el chocolate caliente con las galletas por soda y queso de bola holandés para aminorar los efectos del alcohol. La música y la comida tenían un efecto indescriptible en las personas: sentirse contentos, pasar un buen rato y disfrutar de la ocasión.

También recuerdo cuando mi mamá preparaba pasteles para la navidad. Para cocinar los pasteles, se acomodaban tres piedras grandes (6 a 8 pulgadas de alto con igual separación una de la otra), se le colocaba pedazos de leña en el centro y se prendía con Kerosene (querosén), gas inflamable derivado del petróleo crudo. Luego se colocaba encima de las piedras un latón con agua y sal. (La cantidad de agua dependía del número de pasteles que se iban a cocinar. Lo importante era mantener los pasteles bajo el agua todo el tiempo que se estuvieran cocinando. Por lo general se hervían durante una hora.) Cuando el agua hervía en el latón, se colocaban estos primeros pasteles, mientras continuaba con su tarea de preparar unas cuantas docenas. Comíamos, se repartían unos cuantos y se guardaban los demás.

Cuando íbamos al campo, se usaba un caldero grande para cocinar el arroz con gandules encima de las piedras y la leña. Todo el mundo se chupaba los dedos. ¡Así de sabroso quedaba ese arroz con gandules!

Hoy día las cosas han cambiado. Si todavía hay personas de esa generación o las que aprendieron a cocinar de sus padres/abuelos, entonces sirven ese tipo de comida. Las nuevas generaciones, por lo general, no saben o no tienen tiempo para cocinar, y esperan que otros cocinen esos platos cuando visitan a familiares mayores. Más bien, ordenan la comida ya preparada a un restaurante o tienen un abastecedor (*caterer*).

El puertorriqueño típico, por lo general, prefiere no ir a restaurantes porque cree que en la casa se cocina mejor y, prefiere disfrutar su buena comida en su hogar. A los varones que les gusta cocinar casi siempre lo hacen porque se sienten orgullosos de sus destrezas culinarias.

En el pasado, se cocinaba jugosas carnes y vegetales a fuego lento en una olla (paila) de hierro al fogón, listos para proveer los nutrientes necesarios para los que hacían trabajo fuerte. Para el almuerzo, se servían vegetales, viandas, sopa, además del arroz y habichuelas. Ahora se sirve el asopao, sopa y emparedados (*sandwich*) para el almuerzo, o más bien un plato ligero.

Muchos puertorriqueños han aprendido a servir muchos de sus platos, que eran o son parte del plato principal, como entremeses en ocasiones especiales, ya formales o informales. Estos se sirven antes de la cena o como entretenimiento en forma de buffet (los invitados se sirven a sí mismos), en recepciones y banquetes. Lo mejor de todo es que casi cualquier tipo de comida--frutas, vegetales, viandas, carnes, quesos, ensaladas y salsas--sirve como alimentos para aperitivos. Así que hoy día la empanadilla de yuca, alcapurrias, pastelillos, bacalaítos, cuchifritos, guineos verdes en escabeche, mollejas en escabeche, yuca al mojo, pasteles de yuca y de guineo, entre otros, se sirven como aperitivos o como plato principal.

Muchas personas están conscientes de su salud. Planifican su comida a base a los nutrientes, apetitosos/gustosos y evitan el comer en exceso para no aumentar de peso. Por lo tanto, la mayoría de estas recetas se pueden preparar usando menos grasa, azúcar y sal. Vale precaver en el uso de los condimentos, hierbas y especias, ya que el usar demasiado puede dañar el plato, sobrecargándolo con un sabor particular.

He adaptado muchas recetas de nuestra herencia cultural a base de la información que me ofreciera mi madre y mi tía y de las que nos acordamos cuando estábamos creciendo, tales como el dulce de coco, tembleque, mazamorra, flan, arroz con dulce, dulce de papaya, budines, entre otras. Las recetas son fáciles para prepararse y muchas pueden hacerse por adelantado.

La comida puertorriqueña es, sin duda, muy sabrosa, gustosa. El principal ingrediente es el sofrito, preparado con pimientos verdes, cebolla, ajo, tomate, orégano, cilantro/ cilantrillo/culantro, ajíes dulces (canecos). Le añado alcaparrado (aceitunas y alcaparras) para mejor gusto. En mi casa se utilizaba una planta llamada "orégano brujo" que mi abuela y mi mamá añadían al sofrito enriqueciendo el buen sabor de la comida. Ellas le echaban este orégano silvestre junto con pimientos morrones y tomate.

El sofrito se puede preparar de antemano y echarse en una cuajadera para hielo o cualquier otro recipiente y guardarse en el congelador. La cuajadera es más práctica porque cada vez que se va a cocinar, se saca uno o dos cubitos y se le echa a lo que se vaya a preparar. Hoy día el sofrito se consigue en el supermercado y se usa para condimentar carnes, habichuelas (granos en general), guisos, sopas, asopaos, diferentes arroces y mojitos, entre otros platos. (Una de las marcas comerciales que se vende actualmente en New York es *Sofrito y Recaíto Al Estilo Puerto Rico.*") En la página 31 se ilustran los ingredientes del sofrito. Para muchas personas en Puerto Rico, cilantro es lo mismo que culantro o recao. Sin embargo, visité un mercado (Farmer's Market) en Atlanta, Georgia, y vi que al recao también lo llaman "Thai Culantro" (culantro tailandés).

Hace ya unos años que el puertorriqueño experimenta con diferentes productos en la cocina. Nos contó un tío que, un mes después que el Presidente Einsenhower ganó las elecciones a la presidencia de Estados Unidos del 1958, se hizo un banquete para 3,000 personas en el Hotel Commodore, en Grand Central en Nueva York. Los organizadores del banquete ordenaron como postre el helado de aguacate, servido en la cáscara del aguacate.

Hoy día hay una generación de cocineros puertorriqueños que continuamente experimenta con nuevos sabores. Están revolucionando nuestra cocina usando diferentes ingredientes y productos que están al alcance de todos. Por ejemplo, se han elaborado salsas de frutas como mango, parcha, tamarindo, entre otras, para usarse en las carnes y en otros platos. Igual con el pique. Un ejemplo es "Abuela's Pique", una salsa picante con cinco diferentes sabores. Se están usando las viandas (como la yuca, el panapén, la yautía blanca, la batata), que se solían comerse hervidas únicamente, para preparar exquisitos platos, desde el principal hasta el postre. Son ingredientes fáciles de conseguir en el supermercado, bodegas, tiendas con delicias especiales, y a través de la red electrónica de comunicaciones (internet).

Sugerimos que use su creatividad usando productos que se cosechan en su temporada. Son frescos y, en general, más baratos. Con la ayuda de un procesador de comidas y otros artefactos de la cocina, las recetas aquí presentadas son fáciles y rápidas para preparar. Muchas se pueden preparar uno o dos días antes, especialmente el adobar o marinar carnes y pescado.

El Cocinero Puerto-Riqueño, publicado en el 1859 por la imprenta Acosta, es el primer recetario que se conoce de la cocina puertorriqueña. En su prólogo, el autor anota que ". . . este librito. . . trata del más interesante asunto de este mundo, . . . en lo mucho que los placeres de la mesa nos ayudan a llevar y conllevar las penas de esta vida, tan quejicosa como llena de contratiempos." Recientemente (2004) Ediciones Puerto, Inc. reimprimió la quinta edición de este libro.

En la ***Historia de Puerto Rico*** se menciona a Fray Iñigo Abbad y Lasierra, autor de la **Historia Geográfica, Civil y Natural de la Isla de San Juan Bautista de Puerto Rico** (1789) donde describe las costumbres y manera de vivir del pueblo puertorriqueño en el siglo 18:

"….El menage de cocina no es mas ostentoso: Una olla y alguna cazuela de barro bastan para cocer la comida de cualquiera familia; los platos, cucharas, vasos, escudillas y demas utensilios los hacen de higuera o fruta que da el arbol totumo. Tambien se sirven de los cocos para beber y otros usos.

"No son mas esplendidos en poner la mesa que en alhajar la casa: no usan manteles, servilletas, vasos ni cubiertos. Por lo comun, comen sentados en el suelo: su vianda se reduce a una olla de arroz o de batatas, ñames, calabazas o de todo junto. Los que viven cerca de los pueblos, suelen tener carne fresca de vaca, que matan dos veces a la semana. Los que están distantes solo la consiguen cuando hacen monterías.

"El platanal lo tienen junto a las casas: cogen el racimo verde cuando los plátanos están ya grandes, estos los asan al fuego hasta que se ponen muy duros y entonces les sirven de pan. Jamás les falta un coco de leche de sus vacas que es excelente.

"La cena es muy moderada: algún poco de arroz o algunos cangrejos de tierra y a falta de esto, algunos plátanos o batatas bastan para cenar una familia. Por la mañana y entre día usan mucho del café con miel, y con esto se socorren cuando los molesta el hambre, que resisten por mucho tiempo sin manifestar flaqueza." (Fray Iñigo Abbad, *Historia de Puerto Rico*, Paul G. Miller, 1946, págs. 213-214).

NOTA: La cita es textual.

Ditas y Coquito

En los tiempos de mi abuela, las ditas y "coquitos" se usaban comúnmente en la cocina. La dita es un recipiente, hecho de una higüera, para medir y escoger el arroz. El coquito, hecho de la parte dura del coco, se usaba para tomar café.

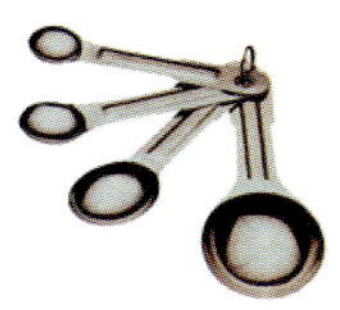

Tabla de conversión al sistema métrico

Medidas por tazas y cucharas de líquidos y sólidos secos
(basadas en una taza de 8 oz.)

2 tazas equivale a una pinta (16 oz.)			488 gr.
4 tazas equivale a un cuarto			0.95 ml
1 taza equivale a 8 onzas fluidas			250 mililitro (ml)
3/4 tazas	=	12 cda	190 ml
1/2 tazas	=	8 cda	125 ml
1/3 tazas	=	5.3 cda	80 ml
1/4 tazas	=	4 cda	60 ml
3 cdta	=	1 cda	15 ml
1 cdta	=	1/3 cda/60 gotas	5 ml
1/2 cdta	=		3 ml
1/4 cdta	=		1.5 ml
pizca	=	menos de un 1/8 de cucharadita	

Peso / volumen

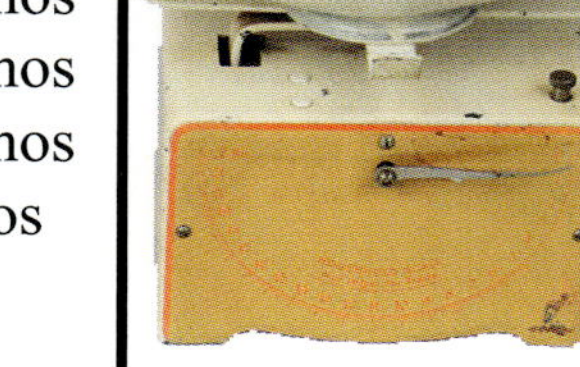

16 oz	=	1 libra	= 500 gramos
8 oz	=	1/2 lb.	= 250 gramos
4 oz	=	1/4 lb	= 125 gramos
1 oz	=		= 30 gramos

Temperatura

F		C
400	=	200
350	=	180
325	=	160
300	=	150
275	=	140
250	=	120
200	=	100

Equipo de cocina

Las recetas en este libro se preparan con los utensilios básicos
en una cocina: caldero, ollas, cacerolas, sartenes y moldes para
hornear. También hay otros utensilios que facilitan el cocinar: el
baño de María, el pilón y la maceta, tostonera, guayo o rallador, un
procesador de alimentos y una licuadora. Muchos consideran que
el arroz se cocina mejor en un caldero que en ninguna otra olla.

Pilón y maceta

tostonera

Guayo o rallador

caldero

Procesador de alimentos

Baño de María

Licuadora

Cuchillos

La tarea de cocinar se hace más placentera cuando se tiene a mano las herramientas apropiadas para llevarla a cabo. En cuanto a cuchillos se trata, los siguientes son útiles:

1. El cuchillo del cocinero (*chef's knife*) - para uso general. Es el más eficaz y el que el menor esfuerzo requiere para picar, rebanar y cortar de distintas formas frutas, verduras y carnes. Es muy práctico cuando hay que usar un poco de fuerza al cortar en pedazos un pollo o una langosta. Es, además, fácil para usar al desmenuzar, cortar en cubitos, cortar en lonjas estilo juliana vegetales y frutas.

2. cuchillo para rebanar o cortar en rodajas

3. cuchillo para deshuesar

4. Cuchillo para pelar. Este cuchillo es muy versátil para pelar y rebanar vegetales y frutas pequeñas.

5. Cuchillo largo dentellado o serrado para
rebanar pan. El serrado corto se utiliza para
rebanar ciertas frutas y vegetales como por
ejemplo: tomates y frutas cítricas.

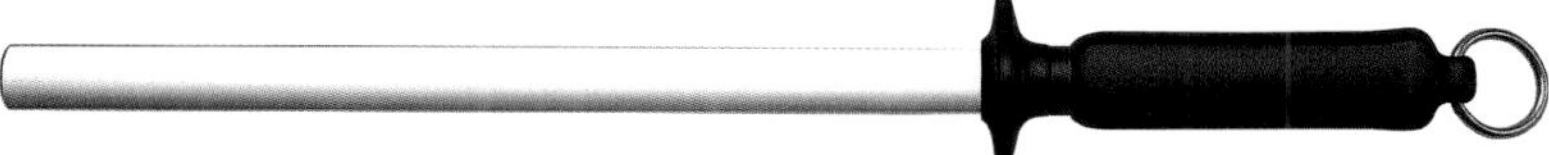

6. Tronchador o hachuela de carnicero para
cortar huesos. Suele ser pesada y rectangular
para ese fin

7. Chaira, amolador o afilador. Es un cilindro de acero para
afilar cuchillos.   Debe usarse con frecuencia para conservar
el filo del cuchillo.

Arreglo de Cubiertos en la mesa
Para la mayoría de las comidas, un arreglo de cinco piezas es adecuado:
tenedor, cuchillo, cuchara de mesa, cuchara para postres y un pequeño
tenedor para ensaladas.

Caldero

Grasas… Peso… Dietas…

Los platos que se preparaban en el tiempo de nuestras abuelas se consideraban de muy buen sabor y, a la vez, muy sanos para toda la familia. Hoy con los problemas físicos, especialmente el de la obesidad y las enfermedades cardíacas, se recomienda que las personas cambien su forma de preparar los alimentos. Todas las dietas recomiendan que se coma en porciones pequeñas y hacer ejercicios.

La mayor parte de las dietas utilizan los mismos productos que consumimos a diario pero la preparación se hace en forma diferente.   Por ejemplo, al pollo se le quita el pellejo para reducir la cantidad de grasa. Igual así con la carne de res o de cerdo: usar cortes que apenas tengan grasa. Hornear las carnes es más saludable que freírlas. Cuando fríe, es recomendable el usar aceite de oliva o vegetal.

Conviene usar menos sal y azúcar al condimentar/endulzar los alimentos. En general, los productos envasados se elaboran con bastante sal. Lea bien las etiquetas de los productos procesados y enlatados.   Si los usa, es recomendable que los pruebe primero antes de agregarle más a lo que cocine.

El consumir ensaladas, vegetales y frutas, en fin, alimentos frescos proveerán las vitaminas y los nutrientes que el cuerpo necesita. (Use en las recetas productos que sí puede comer.) Una dieta balanceada conduce a la buena salud. Un dicho muy popular: "Coma para vivir, no viva para comer." Las recetas aquí incluidas se pueden cocinar todos los días usando la moderación en la preparación de los alimentos.

Consejos prácticos antes de empezar a cocinar

Una vez que selecciona una receta, léala detenidamente y procure lo siguiente:
- a. que tiene todos los ingredientes que pide la receta,
- b. que mide todos los ingredientes antes de empezar a prepararla,
- c. que tiene las ollas o envases, en fin, los utensilios necesarios para cocinarla.

Entre los implementos indispensables en su equipo de cocina están las cucharas y tazas para medir tanto sólidos como líquidos, y una espátula.

A veces en el proceso de cocinar se precisa algún remedio para resolver una u otra dificultad. Aquí alguos remedios prácticos:

- a. Si las habichuelas (granos, frijoles), sopas o guisados están muy saladas, échele una papa para absorber la sal. (Una vez a su gusto, descarte la papa porque está salada.)
- b. Si el caldo de las habichuelas/granos no espesa, use papas, calabaza o maicena.
- c. Si hierve viandas o pasta, ponga dos o tres dientes de ajo en el agua para más sabor.
- d. Si va a preparar caldo para sopas, sancochos y guisos o salsas, use el agua de los vegetales o huesos hervidos por el sabor que brindan.
- e. Si usa guineos verdes o plátanos para hacer pasteles o freírlos, córteles las puntas, remójelos en agua con sal para evitar que se manche los dedos y que cambien de color.
- f. Si se ahúma el arroz, corte una cebolla en rebanadas, póngala por encima del arroz y tápelo. También puede usar una o dos rebanadas de pan. (Descartarlos tan pronto el arroz esté cocido.)
- g. Si después de desalar el bacalao, aun sigue salado, añádale azúcar al agua y hiérvalo nuevamente. El bacalao se debe de hervir, por lo menos, dos veces.
- h. Si desea que el brécol se mantenga verde, échele una cucharadita de bicarbonato de soda al agua antes de hervirlo. O, una vez cocido, bañarlo en agua helada.
- i. Si desea que el coliflor mantenga su color blanco, échele leche al hervirlo.
- j. Si la receta para un postre pide pasas, cúbralas con harina de trigo antes de añadirlas. Así quedan bien distribuidas y no se van al fondo de la mezcla.
- k. Si desea obtener bastante jugo de limón, córtelo a lo largo en vez de a lo ancho (no por el medio).
- l. Si le gusta el ají picantísimo, use guantes antes de tocarlo para evitar que sus ojos o la nariz se puedan inflamar.
- m. Si desea batir las claras de huevo, los huevos deben de estar a la

temperatura ambiental para que la mezcla suba. El envase para batir debe estar totalmente limpio, de lo contrario no suben las claras.

n. Si sirve vino tinto, sírvalo a la temperatura ambiental. Sirva el vino blanco frío.

o. Si parte el aguacate, se deja la semilla adentro para que no se torne negro muy rápidamente. Algunos cocineros le riegan gotas de jugo de limón con el mismo fin.

p. Si brega con pescado, estréguese las manos con limón para eliminar el olor a pescado.

q. Si va a preparar pescado entero, póngale cáscaras de limón o de naranja dentro de la cabeza para que le dé mejor sabor mientras se cocina.

r. Si va a usar un coco fresco para sacarle la leche, muévalo primero. Si oye el movimiento del agua, generalmente significa que el coco está bueno.

Otras Recomendaciones:

1. Si prepara vegetales, viandas y frutas, lávelos bien para evitar que se quede la arenilla que a veces encuentra en ensaladas, etc. (Se puede conseguir un cepillo especial para lavar viandas y algunos vegetales.)

2. Si va a cocinar la carne de res, cuézala hasta que su color rosado desaparezca.

3. Use tres picadores en su cocina: uno para picar carnes crudas, otro para carnes cocidas, y otro para vegetales únicamente. Igual nunca coloque carne cocida en el mismo plato o envase donde tiene la carne cruda. Esto es para evitar contaminación con bacterias.

4. Eche una cucharadita de aceite en el agua donde hierve la pasta para evitar que se pegue al recipiente donde se cocina. Añádale unos dientes de ajo machacado para darle mejor sabor.

5. Si desea preparar una tortilla, y no tiene suficientes huevos, añádale un poco de leche crema para darle volumen a la mezcla.

6. Use los huesos de las carnes (pollo, pavo, de res, etc.) y la cabeza de pescado para preparar caldos. Luego se pueden congelar y usarse en la preparación de sopas y guisos.

¿Qué hacer con los sobrantes de comida?

Use su imaginación con los sobrantes de comida. Aquí algunas sugerencias:

- Si sobra habichuelas coloradas, mézclelas con carne molida para un guiso/ chile con carne.

- Si sobra carne molida:
    a) usarla para hacer rellenos de papas, yuca, chayotes, aguacate, albóndigas, pimientos verdes, plátanos maduros, tostones, pastelón, panapén, repollo o cualquier otra receta que necesite rellenar.
    b) mezclarla con pasta o usarla como salsa para un mofongo
    c) prepararla en emparedados: use el pan francés o italiano, o el pan de manteca, abierto en dos pero sin despegar un lado del otro, échele la carne molida, añádale queso, lo coloca en el horno por unos dos o tres minutos hasta que el queso se derrita.   Y está listo para saborearlo.

- Si sobra arroz blanco:
    a) corte varios vegetales, mezcle con el arroz, para un arroz vegetariano
    b) úsélo para sopas
    c) o para rellenar hojas de uva, repollo, morcilla, o cualquier otro relleno apropiado.

- Si hornea pollo:
    a) córtelo en pedazos y mézclelo con lechuga, tomate, cebolla y prepare una ensalada de pollo
    b) añada al arroz blanco con los vegetales,
    c) úselo para preparar una tortilla con huevos para el desayuno
    d) prepare emparedados, pasteles o rellenos.

- Si hierve vegetales, reserve el agua para sopas o para platos que necesiten líquido o caldo. También puede guardar el agua en el congelador para una futura receta o preparar consomé.

- Si sobra pavo:
    a) úselo en emparedados y ensaladas
    b) mézclelo con arroz
    c) prepare tortillas en el desayuno
    d) prepare chile con habichuelas,
    e) úselo para rellenar papas, pasteles, empanadillas,
    f) úselo para sopas
    g) mézclelo con pasta. (También puede guisar la carne y mezclarla con pasta.)

- Si sobra papas fritas, córtelas en cubitos, un diente de ajo machacado, una cucharadita de sofrito, sal a gusto y dos huevos batidos. Mezcle todo para preparar una tortilla con papas.

- Si sobra bacalao:
  a) úselo para hacer bacalaítos
  b) prepárelo en ensalada o arroz
  c) úselo para preparar pastelitos de malanga
  d) guíselo con salsa de tomate y sírvalo con viandas o arroz blanco
  e) úselo en una serenata de bacalao
  f) delicioso en salsa de tomate y berenjena

- Si tiene muchas frutas, úselas para hacer ensaladas de frutas, batidas y adornar tartas y bizcochos. El guineo maduro lo puede utilizar en ensalada de lechuga y tomate.

- Si sobran granos (frijoles, legumbres) – Si no están cocidos en salsa, úselos con otros granos para preparar ensaladas.

- Si sobran quesos:
  a) si son cremosos, úselos para preparar papas majadas y para rellenar otros platos.
  b) si son duros, úselos ya en pedazos o en ralladura para ensaladas, pastas, y en tortillas.

- Si sobra pan:
  a) úselo para hacer pudín
  b) puede tostarlo para ensaladas, para empanizar, para la base del bizcocho de queso
  c) o puede tostarse en rebanadas pequeñas para hacer *"brochettas"* que se sirven con picadillo de tomate, cilantro y cebolla.
  d) úselo para servir mojito de garbanzos, de aguacate y espinaca

- Si sobra café, úselo para preparar el postre tiramisú, o darle sabor al flan, o para mezclarse con chocolate caliente.

- Si sobran huevos duros (pasados por agua),
  a) úselos para rellenos, ensaladas y con bacalao guisado con viandas.
  b) utilícelos para la receta de huevos picantes (o endiablados)
  c) como aperitivo (en rebanadas para un emparedado con cebolla glaceada y aceite de oliva).

Si sobra salmorejo de jueyes, use la carne para rellenar tostones, hacer empanadillas, alcapurrias, pasteles o pastelillos.

Para realzar el gusto o sabor . . .

Además del sofrito/recaíto y adobo (fresco o en polvo), los siguientes ingredientes realzan ese sabor tan nuestro: tocino, jamón de cocinar y las patitas ahumadas de cerdo.

Tocino

Jamón de cocinar

Patitas de cerdo ahumadas

Colorantes . . .

El color en los guisos/cocidos y arroces se realza usando los siguientes ingredientes:

Salsa de tomate

Azafrán

Achiote

Pimentón (paprika)

Achiote, aceite, y aceite con achiote

Para preparar aceite con achiote:

Para preparar el aceite con achiote, mezcle dos cucharadas de semillas de achiote con una taza de aceite para cocinar. Deje cocinar durante tres a cuatro minutos hasta que el aceite cobre un color rojizo. Cuele. (Luego de usarlo, es recomendable que lo guarde en el refrigerador.)

¿Por cuanto tiempo deben permanecer los alimentos congelados?

Información útil indicando cuánto tiempo se recomienda guardar ciertos alimentos en el congelador

De acuerdo al Departamento de Agricultura del estado de Georgia (E.U.) el congelar ciertos productos, especialmente aquellos derivados de animales, es una forma excelente de conservarlos, aunque afecta su textura, color, jugos y sabor. Una vez congelados, la temperatura debe mantenerse a 0°F. Las carnes, una vez condimentadas, no deben de mantenerse a la temperatura del ambiente por más de dos horas.

Las carnes curadas como el jamón y tocino deben congelarse por un período corto de 1 a 3 meses ya que la sal acelera la ranciedad.

Al usar especias para sazonar las carnes y varios otros platos, se usan en pequeñas cantidades antes de congelarlos. Se le añade un poco más cuando se vayan a cocinar.

La tabla que aparece a continuación es la recomendada por especialistas en nutrición en la Universidad de Georgia.

Fuente: Departamento de Agricultura del estado de Georgia en colaboración con la Universidad de Georgia, Colegio de Agricultura y Ciencias Ambientales, 2002.

Periodo De Tiempo Recomendado Para Congelar Alimentos

Alimento	Tiempo en el congelador
Carnes	
Tocineta	1 mes
Salchicha alemana (perro caliente)	2 meses
Crudas (cerdo, res, pollo o pavo)	1 a 2 meses
Carne molida o para guisar	3 meses
Jamón	2 meses

Para asar

    De res o de cordero............................ 1 año

    De cerdo o ternera............................8 meses

Bistec o chuletas

    De res... 1 año

    De cordero o ternera......................... 9 meses

    De cerdo..4 meses

Carnes variadas..4 meses

    Hamburguesas....................................3 a 4 meses

Carne molida cruda de pavo,
ternera, cerdo, cordero y mezcla
de todas ellas..3 a 4 meses

Aves

    Cocida en salsa...................................6 meses

    Cocida sin salsa..................................1 mes

    Cruda (pollo/pavo entero)................... 1 año

    Pedazos crudos: de pollo...................9 meses

    de pavo................................... 6 meses

    Pedazos de pollo frito.........................4 meses

    Pedacitos pequeños (Nuggets) y pastelitos.... 1 a 3 meses

    Menudillo fresco de aves.....................3 a 4 meses

    Pato o ganso....................................... 6 meses

Pescado o Mariscos

    Pescado grasiento................................3 meses

    Pescado con poca o ninguna grasa.................6 meses

    Mariscos...3 meses

Sopas y Guisos..4 a 6 meses

Claras/Yemas de huevo.................................... 1 año

Crema (leche) regular....................................2 meses

    Batida.. 1 mes

Leche fresca, líquida......................................1 a 3 meses

Yogurt (regular)..1 mes

    Con sabor a frutas...............................5 meses

Queso

    Requesón/queso fresco.......................2 semanas

    Natural/Procesado..............................3 meses

Margarina..9 meses

Helado/Mantecado o Sorbete............................. 1 mes

Ingredientes del sofrito:

El sofrito es uno de los ingredientes más importantes en la sazón de la comida puertorriqueña. Se usa al preparar granos, carnes, y en casi todos los guisos.

Ajo

Pimientos verdes

Pimientos

Cebollas

"Recao / Culantro"

Tomates

Orégano

Cilantro

Sofrito básico

Ingredientes:

- 2 cabezas de ajo
- 12 ajíes dulces, sin semillas
- 2 cebollas medianas
- 15 ramitas de cilantrillo
- 1 pimiento verde, sin semillas
- 15 hojas de culantro/recao
- 1 tomate grande
- 1 cda de alcaparras
- 10 aceitunas rellenas con pimiento morrón
- 1 cdta orégano

Procedimiento:

Pele el ajo y la cebolla. Sáquele las semillas al pimiento. Lave bien el cilantro/culantro, recao, y corte las raíces. (Las aceitunas y alcaparras pueden substituirse por "alcaparrado", que ya contiene ambas cosas. Añada parte del líquido a la mezcla.) En una licuadora o en un procesador de alimentos, mezcle todos los ingredientes hasta que se convierta en un puré grueso. Guárdelo en una cubeta de hielo en el congelador.

Use uno o dos cubitos cuando prepare carnes, guisos, entre otros. Tambén puede dividirlo en envases pequeños y congelarlos. El sofrito puede prepararse para un solo día, una semana o para un mes. Para un día, reduzca las cantidades a usar.

Aperitivos/ Entremeses

Los platos que se incluyen en esta sección se pueden servir como aperitivos o como plato principal. Todo depende de su tamaño en la presentación y de la ocasión.

Los aperitivos son deliciosos antes de empezar la cena, para entretenimiento, o como una comida completa en ocasiones informales y formales.

*Asistí al Festival de la Yuca en Isabela en octubre 2005, y allí se sirvió bacalao frito en harina de yuca. El nuevo nombre es "yucalaítos" y "batatalaítos" (hechos con harina de batata).

Alcapurrias

(6 a 8 alcapurrias)

Ingredientes:

Agua para remojar los plátanos (La cantidad de agua dependerá del envase a utilizar.)

- 1 lb de carne molida (de res, de cerdo, de pollo o pescado)
- 3 plátanos verdes ó 6 guineos verdes
- 3 cdas de sofrito (Vea receta en página 32)
- ½ taza de harina de trigo
- 2 cdas de aceite con achiote
- ½ lata de salsa de tomate
- aceite vegetal para freír
- Sal y pimienta a gusto
- 1 latita de pimientos morrones
- 1 cdta adobo en polvo

Procedimiento:

1. Corte los extremos a los plátanos o guineos y remójelos en agua con sal durante dos o tres minutos. Móndelos y déjelos en el agua con sal hasta el momento de rallarlos.
2. Cocinar la carne en un caldero. Añadir las 3 cdas de sofrito, salsa de tomate, adobo en polvo, ½ taza de agua, aceitunas y pimiento morrón. Cocinar a fuego lento por media hora. Mueva y deje aparte. (Cocine hasta que la carne pierda su color rojo y sazone a gusto, 15 minutos más o menos.) Ponga a un lado.
3. En un recipiente aparte, ralle los plátanos o guineos. Añádale la harina de trigo, una cdta de adobo en polvo, sal a gusto, y ½ cucharadita de aceite con achiote. Amase bien con las manos o use un tenedor para afinar la masa.
4. Ponga 2/3 taza de la masa sobre una hoja de plátano o guineo engrasado con aceite con achiote, y extiéndala con una cuchara.
5. Echele dos cucharaditas de la carne molida. Cubra bien con la masa, doblando la hoja de plátano o guineo, dándole forma de cilindro.
6. Fría en suficiente aceite vegetal bien caliente, hasta que esté dorada por todos lados, aproximadamente 5 a 6 minutos. (Use papel absorbente para quitar el exceso de grasa.) Sírvalas caliente.

Almojábanas de yuca

(15 almojábanas)

Ingredientes:

- 1 taza de harina de yuca
- 1 taza de leche fresca
- 1 sobre de adobo en polvo
- 2 huevos grandes
- 4 ó 5 hojas de cilantro fresco picadito
- ¾ taza de queso parmesano
- 2 cdas de mantequilla
- aceite vegetal para freír
- sal a gusto

Procedimiento:

1. Usando un cedazo, mezcle la harina de yuca, sal y adobo.
2. Derrita la mantequilla y añádala a la mezcla de harina.
3. Hierva la leche, y añádala poco a poco hasta que la harina esté totalmente humedecida. (Si la masa está muy espesa, añada más leche.) Bata y deje enfriar.
4. Añada los huevos uno a uno y bata bien después de cada adición.
5. Añada el queso y bata bien.
6. Fría por cucharadas en aceite caliente hasta que doren. Póngalas en papel absorbente.

Sirven para acompañar el chocolate caliente o el café.

Arepitas de maíz

(20 a 25 arepitas)

Ingredientes:

- 2 tazas de harina de maíz
- 2 cdas mantequilla derretida
- 2 huevos
- 1 ½ taza de leche fresca caliente
- 1 pizca de sal
- ¼ taza de azúcar
- 1 cdta de polvo de hornear
- aceite para freír
- ½ taza de queso parmesano

Procedimiento:

1. Cierna juntos la harina, sal y polvo de hornear en el tazón donde va a preparar las arepas.
2. Agregue la leche caliente a la harina. Añada el azúcar y la mantequilla. Bata bien. Deje refrescar unos minutos antes de añadir los huevos. Si está demasiado pastosa (espesa, seca) añádale más leche caliente. (Si le queda muy líquida, añádale más harina.)
3. Añada el queso y mezcle.
4. Fría por cucharadas en aceite caliente, hasta que estén doraditas.

Sírvalas a la temperatura ambiente, con café o chocolate caliente.

Salsa dulce de mayonesa con ajo

(Rinde 3/4 de taza)

Ingredientes:

- 1/2 taza mayonesa
- 1/2 taza de salsa dulce (ketchup)
- una pizca de adobo
- 1 diente de ajo (bien machacado)

Procedimiento:

1. Mezcle todos los ingredientes hasta que la mezcla esté bien suave.

2. Sirva con los surullitos de maíz a la temperatura ambiente.

Surullitos de maíz

(25 a 30 surullitos)

Ingredientes:

- 1 ½ taza de harina de maíz
- ½ cdta de sal
- 1 cdta de polvo de hornear
- 2 cdas de mantequilla
- ½ taza de queso parmesano
- 1 taza de agua
- ¼ lb de queso de papa cortado en tirillas
- aceite para freír

Procedimiento:

1. Pase por un cedazo la harina de maíz y polvo de hornear. Añada la sal y el queso parmesano.

2. Hierva el agua y la mantequilla. Agregue a la harina de maíz. Bata bien y deje enfriar por unos 10 minutos.

3. Corte el queso de papa en tirillas de 1/8 de pulgada y deje a un lado.

4. Coloque una cucharita pequeña de la mezcla de harina de maíz en sus manos, forme una bolita y aplástela. Coloque una tirilla de queso en el centro y cúbralo, enrollándolo entre la palma de sus manos. Puede polvorearse sus manos con harina de trigo al enrollar el surullo.

5. Caliente el aceite y póngalos a freír hasta que doren. Colóquelos sobre papel absorbente.

Sírvalos calientes con café, chocolate caliente o té. Se pueden servir a la temperatura ambiente con una salsa de tomate dulce.

Almojábanas de harina de arroz

(15 almojábanas)

Ingredientes:

- 2 tazas harina de arroz
- 1 taza leche fresca
- 1 cdta sal
- 3 huevos grandes
- 2 cdas mantequilla
- ¾ taza queso parmesano rallado
- aceite para freír
- ½ cdta polvo de hornear

Procedimiento:

1. Cierna juntos la harina de arroz polvo de hornear y sal.

2. Derrita la mantequilla y agréguela a la mezcla anterior.

3. Hierva la leche y añádala poco a poco a la mezcla anterior hasta humedecer toda la harina. (Si la mezcla está muy compacta, añádale más leche.) Bata y deje enfriar.

4. Añada los huevos uno a uno y bata bien.

5. Añada el queso y mezcle.

6. Fría por cucharadas en aceite caliente a fuego moderado hasta que doren. Escurra en papel absorbente.

Sírvalas caliente. Acompañan muy bien al café o chocolate caliente.

Tortilla de huevos

(4 raciones)

Ingredientes:

- 2 cdas de mantequilla o aceite de oliva
- ½ taza de leche crema
- 3 ó 4 huevos
- ½ taza de tirillas de pimiento verde
- ¼ taza de cebolla (picadita)
- 2 ó 3 pedazos de jamón picadito
- 2 dientes de ajo machacados
- 1 tomate pequeño picadito
- 1 cdta de sofrito
- ¼ lb de queso blanco partido en cubitos
- 1 cdta de adobo en polvo
- sal y pimienta a gusto

Procedimiento:

1. Bata los huevos. Añada el sofrito, adobo, cebolla, ajo, leche, pimienta, tomate y pimiento. Mezcle bien y deje a un lado.

2. En un sartén de 10 pulgadas, ponga a calentar el aceite o a derretir la mantequilla.

3. Mientras se calienta la sartén, añada el resto de los ingredientes a la mezcla de huevo.

4. Bata y vierta a la sartén. Tápelo y deje que se cocine por unos dos o tres minutos a fuego lento.

Sirva caliente con pan o papas.

Bacalaítos

(15 a 20 bacalaítos)

Ingredientes:

- 1 lb de bacalao sin espinas
- 2 cdas de sofrito
- 2 tazas de harina de trigo
- 2 dientes de ajo, machacados
- 2 cdtas de polvo de hornear
- 1 cdta de adobo en polvo
- 1 cdta de orégano en polvo
- sal y pimienta a gusto
- 2 tazas de agua (donde se hirvió el bacalao)
- 4 ó 5 hojas de cilantro (picaditas)
- suficiente aceite para freír
- 1 cdta de sazón con achiote

Procedimiento:

1. Lave el bacalao y déjelo en agua, por lo menos un día, para desalarlo. Bote esa agua y échele agua fresca y ponga a hervir de 5 a 10 minutos.

2. Separe dos tazas de agua, donde hirvió el bacalao y pruebe para ver cuán salada está. (Use esta agua para humedecer la harina de trigo.)

3. Desmenuce el bacalao. (Mientras lo desmenuza, quítele cualquier espina y el pellejo). Deje aparte.

4. En un envase, mezcle todos los ingredientes secos.

5. Añada el sofrito, ajo, cilantro y mezcle bien.

6. Agregue una taza de agua y mueva hasta que la harina esté totalmente húmeda. (Si no está totalmente húmeda, añádale más agua.)

7. Agregue el bacalao desmenuzado y mueva bien. Pruebe de sal y pimienta.

8. Ponga el aceite en un sartén hondo o en un caldero, y deje que se caliente bastante. Fría por cucharadas hasta que se doren por ambos lados.

9. Escurra en papel absorbentes.

Sírvalos calientes.

Friendo bacalaítos en las
Fiestas de la Calle San Sebastián
en el Viejo San Juan

Pasteles de malanga y bacalao

(30 pasteles)

Ingredientes:

- 3 lb malanga
- 1 lb bacalao desalado, desmenuzado
- 4 cdas sofrito
- ¼ taza aceite de oliva
- 3 dientes ajo, machacado
- ¼ lb de jamón de cocinar
- 2 cdas adobo
- 1 pote salsa de tomate
- 1 cdta orégano
- 2 tazas agua
- 1 cubito de pollo (en polvo)
- sal y pimienta a gusto

Materiales:

- Hojas de guineo o plátano
- Cordón para amarrar

Procedimiento:

1. Pele, lave y ralle la malanga.

2. Adobe y amase la malanga con la mitad del sofrito, ajo, adobo, orégano, y la mitad del cubito de pollo. Deje aparte.

3. Para guisar el bacalao, que debe de estar desalado y desmenuzado, agregue una cucharada de aceite con achiote en un caldero, y sofríalo con el jamón por dos minutos. Añádale la otra mitad del sofrito, un diente de ajo, una cucharadita de adobo, media cucharadita de orégano, la mitad de la salsa de tomate, y cocine por unos tres minutos. Agregue el agua, mueva. Pruebe de sal y pimienta. Si está soso, añádale la otra mitad del cubito de pollo. Cocine a fuego lento hasta que la salsa espese un poquito.

4. Usando el mismo procedimiento para el pastel de yuca o guineos verdes (pág. 110), prepare los pastelitos. (Como estos se usarán como aperitivos, el tamaño es bastante pequeño.)

Sírvalos calientes en una salsa de tomate con cilantrillo.

Notas:
1. El bacalao puede substituirse por cualquiera otra carne.

2. Este pastel se puede preparar también con yautía o ñame.

Salsa de tomate para pastelitos de malanga:

Combine los siguientes ingredientes:

- 1 taza de salsa de tomate
- ½ cdta salsa picante
- 3 dientes de ajo machacados
- 1 cdta salsa de tomate dulce
- ½ cdta de orégano
- ½ cebolla pequeña, picadita
- 3 ó 4 hojas de cilantrillo picadito
- ¼ taza de vino tinto
- ¼ taza aceite de oliva
- ½ cdta alcaparras
- sal y pimienta a gusto

Procedimiento:

Cocine a fuego lento todos los ingredientes durante 15 minutos. Sazone a gusto con sal y pimienta. Mueva ocasionalmente, sin dejar que se queme. Vierta la salsa en platillos pequeños y coloque un pastelito de malanga en el centro.

Buñuelos de ñame

(8 a 10 buñuelos)

Ingredientes:

- 2 lbs. de ñame blanco
- ½ cdta. de sal
- ¼ cdta. de levadura/polvo de hornear
- ½ cdta. de adobo en polvo
- aceite para freír

Procedimiento:

1. Mondar el ñame. Guayarlo. Añadir el polvo de hornear, la sal y el adobo.

2. Batirlo bien durante tres minutos hasta que quede suave.

3. Echar por cucharadas en aceite caliente hasta que doren. Sáquelos del sartén y póngalos en papel absorbente. (Podrían salir 12 buñuelos, dependiendo del tamaño de la cuchara.)

Sirva caliente.

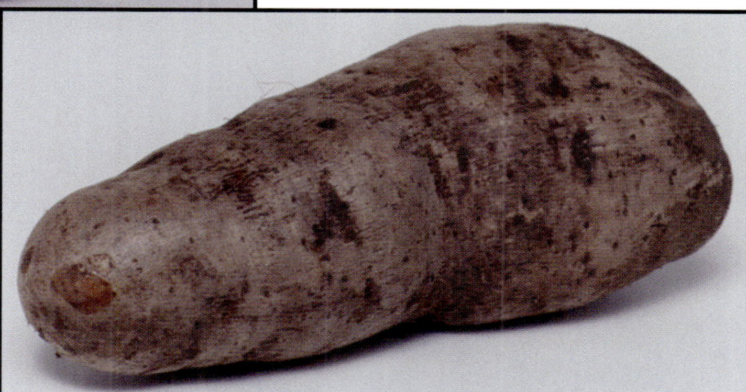

Buñuelos de yautía

(15 a 20 buñuelos)

Ingredientes:

- 2 lbs de yautía
- 2 cdas de adobo en polvo
- 1 cda de sofrito
- 1 huevo
- aceite para freír

Procedimiento:

1. Pele, lave y guaye las yautías

2. Bata bien. Añada adobo, sofrito y mezcle bien. Pruebe de sal.

3. Añada huevo y mezcle bien.

4. Ponga aceite en un sartén hasta que esté bastante caliente. Eche a freír por cucharadas.

Voltéelos y sáquelos cuando estén dorados.

Sírvalos caliente.

Albóndigas de carne con piña

(15 albóndigas)

Ingredientes:

- ½ lb de carne molida de pollo
- 1 huevo
- ½ lb de carne molida de pavo
- 1 lata de piña en pedazos
- ½ lb de carne molida de cerdo
- 3 cdas de harina de trigo (para empezar)
- 1 cdta de sal
- 1 cdta de sofrito
- ¼ cdta de orégano
- 1/8 cdta de pimienta en polvo
- 1 cdta de adobo en polvo
- (aceite de oliva, si decide freírlas)

Procedimiento:

1. Coloque las tres carnes en un envase. Mezcle bien.

2. Añada, mezclando bien usando sus dedos, el sofrito, adobo en polvo, orégano, pimienta y sal.

3. Añada el huevo. Mezcle bien.

4. Polvoree la palma de su mano con harina de trigo. Eche una cucharada de carne en su mano y forme una bolita.

5. Introduzca un pedazo de piña en el centro de la bolita y cubra la misma con carne, dándole vueltas con las manos. Engrase levemente un molde y coloque las albóndigas.

Póngalas al horno por 20 minutos.

Las albóndigas se pueden freír también. Se sirven como entremeses solas o en salsa.

Salsa para las albóndigas

Ingredientes:

- 1 lata de 8 oz de salsa de tomate
- 2 ó 3 hojas de cilantro picaditas
- ½ taza de vino de cocinar
- ½ taza de tomates en cubitos
- 2 dientes de ajo machacados
- 1 taza de salsa de tomate para pasta
- 2 cdta de aceite de oliva
- 2 cdtas de sofrito
- 1 cdta de orégano
- ½ cdta de vinagre balsámico
- 1 cdta de adobo en polvo
- 1 cebolla pequeña picadita
- 1 cdta de salsa picante (opcional)
- sal y pimienta a gusto

Procedimiento:

1. En un caldero combine todos los ingredientes y cueza a fuego moderado por 10 minutos.

2. Luego añádales las albóndigas horneadas para que se saturen de los sabores de la salsa. Cueza por 10 minutos más, moviendo de vez en cuando.

Sirva a la temperatura ambiente.

Cuajito de cerdo (vea receta en la próxima página).

Cuajito de cerdo

(4 raciones)

Ingredientes:

- 1 pqte de cuajo de 1 lb
- 2 papas medianas
- ½ pimiento verde picadito
- ½ taza de vino tinto para cocinar
- 1 cdta adobo en polvo
- 1 hoja de perejil, picadito
- 1 tomate picadito
- ¼ taza de salsa de tomate
- ½ cdta pimienta negra en polvo
- 5 dientes de ajo
- 1 latita pequeña pimientos morrones
- jugo de un limón
- sazón con achiote o aceite con achiote
- sal a gusto
- 6 aceitunas rellenas en rueditas
- 1 cdta de orégano
- 1 cdta de salsa picante
- 3 ó 4 hojas de cilantrillo picadito
- 1 cebolla pequeña en rebanadas

Procedimiento:

1. Lavar, sacar la grasa y cortar el cuajo en pedacitos pequeños de 2" aproximadamente.

2. Lavar bien con un poco de limón para eliminar el olor fuerte.

3. Adobar con pimienta, orégano, perejil, adobo, y un poco de sal

4. Hervir hasta que ablande, aproximadamente 1 ½ hora, con dos dientes de ajo, cilantrillo y ½ cebolla.

5. Agregar el vino, sazón, aceitunas, salsa de tomate y el pimiento verde picadito en pedacitos pequeños. Cueza hasta que ablande.

6. Picar la papa en pedacitos y agregarla junto con la cebolla picada en rueditas para que ablande pero que quede un poco dura. Agregar el pimiento morrón en pedacitos. Mover y servir a la temperatura ambiente con guineos verdes o con arroz.

Nota: Se le puede eliminar la papa.

Garbanzos en escabeche

(6 a 8 raciones)

Ingredientes:

- 1 taza de garbanzos cocidos
- 5 dientes de ajo cortados en rebanadas
- 1 cebolla mediana en rebanadas
- 3 cucharadas de sofrito
- ½ pimiento verde en cubitos
- 2 hojas de laurel
- ¼ taza de vinagre balsámico
- ½ cdta orégano
- ¼ taza de vino tinto para cocinar
- 1 sobre de sazón/adobo
- ½ taza de aceite de oliva
- ¼ taza aceitunas rellenas en rebanadas
- 10 granos de pimienta
- sal a gusto
- ½ taza del agua donde hirvió los garbanzos

Procedimiento:

1. Si usa garbanzos crudos, remoje en agua un día antes. Bote el agua antes de cocinarlos.

2. Echele agua fresca. Hierva con dos cucharadas de sofrito, el sobre de sazón o adobo y dos granos de ajo hasta que estén blandos.

3. Combine la cebolla, el ajo, pimiento verde, el resto del sofrito, hojas de laurel, orégano, aceite, vino, vinagre, aceitunas rellenas y el agua que reservó. Ponga a fuego lento hasta que la cebolla se cocine.

4. Mezcle los garbanzos, cubra y cocine por 5 minutos más. Pruebe de sal y pimienta.

Sirva a la temperatura ambiente. Se puede comer solo, mezclarse con pasta o ensaladas.

Caballitos (guineos maduros fritos)

(5 raciones)

Ingredientes

- 1 ½ tazas de harina de trigo
- 1 taza agua
- 1 pizca de sal
- 1 cdta levadura
- 5 guineos maduros en rebanadas
- 1 taza aceite para freír o mantequilla

Procedimiento:

1. Monde los guineos y pártalos en rebanadas a lo largo.

2. Mezcle la harina, sal y levadura y disuelva con el agua. Prepare una mezcla espesa pero suave.

3. Eche las rebanadas de guineos en la mezcla de harina.

4. Cubra y eche a freír en aceite caliente.

Sírvalos caliente como aperitivo o acompañamiento a un plato principal.

Nota: Se conoce también como "Jíbaros envueltos"

Mojo de espinaca

(15 a 20 raciones)

Ingredientes:

- 1 bolsa (10 oz) de espinaca fresca
- ½ pqte de queso crema
- 1 cdta de adobo en polvo
- 5 ó 6 ramitas de cilantrillo
- 2 sobres caldo de pollo en polvo
- ¼ espiga de apio americano
- 1 taza de crema agria (*sour cream*)
- 2 dientes de ajo
- 1 (8 oz) queso crema
  (con sabor a ajo)
- 1 cebolla pequeña
- 1 cda de sofrito

Procedimiento:

1. Lave bien la espinaca.

2. Mezcle todos los ingredientes en un procesador de alimentos. Pruebe de sal.

3. Sirva a la temperatura ambiente. Acompañe con vegetales crudos como zanahorias cortadas en lonjas (al estilo julianas), apio, brécol o coliflor o una combinación de todos ellos.

Nota: La espinaca orgánica es mejor pero un poco costosa. Compre la regular y lávela bien.

Mojo de garbanzos

(10 a 15 raciones)

Ingredientes:

- 1 lb (1 lata-15.5 oz) garbanzos cocidos
- 4 dientes ajo, machacados
- 2/3 taza crema de ajonjolí (semillas de ajonjolí molidas)
- ½ cdta adobo en polvo
- ½ cdta pimienta en polvo
- 2 cdas jugo de limón
- ½ cdta comino
- ½ cdta vinagre
- 1 cdta pimentón (paprika)
- 2 cdtas aceite de oliva
- 2 hojas cilantrillo, picadito
- 1 cda sofrito

Procedimiento:

1. Si usa garbanzos crudos, déjelos en agua la noche antes. El día que va a prepararlo, cámbiele el agua.

2. Hierva en cuatro tazas de agua, y le agrega una hoja de laurel, un diente de ajo machacado, medio cubito de pollo y una pizca de sal, hasta que los garbanzos estén blandos, aproximadamente una hora. Reserve parte del agua para que la mezcla quede suave.

3. En una licuadora o procesador de alimentos, combine todos los ingredientes, excepto el pimentón y cilantrillo, que se utilizarán para adornar el garbanzo molido.

4. Pruebe de sal y pimienta. Sírvase en plato hondo.

Sirva con vegetales o con pan pita caliente. También se puede usar como aderezo en ensalada o para emparedados.

Mojo de aguacate

(10 a 12 raciones)

Ingredientes:

- 2 aguacates maduros
- 1 cda jugo de limón fresco
- 1 tomate mediano maduro picadito
- 2 cdas sofrito fresco
- 3 hojas cilantrillo fresco, picaditas
- 2 dientes ajo machacados
- ½ cebolla pequeña, picadita
- sal y pimienta a gusto
- 1 cdta aceite de oliva

Procedimiento:

1. Corte el aguacate por la mitad y usando una cuchara, saque la pulpa. Ponga la pulpa en un envase bastante hondo.

2. Añada cebolla, tomate, sofrito, ajo, sal y pimienta. Mezcle bien.

3. Usando un tenedor, maje todos los ingredientes, mezclándolos bien.

4. Agregue el jugo de limón, cilantro y pruebe de sal.

Sírvalo con "*chips*", pan pita o vegetales crudos tales como brécol, coliflor, apio americano o zanahorias.

Picadillo de tomate

(15 raciones)

Ingredientes:

- 5 a 6 tomates maduros
- 1 cdta queso parmesano
- 1/2 cdta cebolla picadita
- 1 cda aceite de oliva
- 1/2 cdta adobo en polvo
- 1/2 cdta de sofrito fresco
- 1/2 cdta ajo machacado
- 1/2 cdta salsa pesto (opcional)
- sal y pimienta a gusto

Procedimiento:

1. Hacer picadillo con los tomates.

2. Añadir los restantes ingredientes al picadillo y mezclar bien.

3. Tostar rebanadas de pan tipo "baguette" (pan francés delgado).

4. Usando un diente de ajo untar a las rebanadas de pan tostado.

5. Con una cucharita colocar una porción del picadillo sobre las rebanadas.

Sírvalo inmediatamente como aperitivo.

Chayotes rellenos con carne

(4 raciones)

Ingredientes:

- 2 chayotes
- 1 taza carne molida cocida
  (ver receta pág. 127)
- 3 tazas agua
- 1 huevo batido
- sal y pimienta a gusto
- 1 cdta de sofrito
- 2 dientes de ajo, en rueditas
- ½ taza de polvo de galleta
- 1 taza de arroz blanco cocido
- 1 cda mantequilla

Procedimiento:

1. Lave los chayotes y córtelos por la mitad en forma alargada.

2. En un caldero combine el agua, sal, ajo y los chayotes. Hierva durante 25 a 30 minutos o hasta que los chayotes estén cocidos.

3. Una vez cocidos, remuévalos del agua, escurra y dejer enfriar por unos minutos. Remueva la parte fibrosa del centro del chayote.

4. Usando un tenedor, aguante el chayote en sitio. Use una cuchara para sacar la pulpa, dejando las conchas intactas con una capa fina que cubra la cáscara. Repita este proceso con todas las mitades del chayote. Deje a un lado.

5. Encienda el horno a 350 grados.

6. Mezcle la pulpa con el picadillo de carne y arroz blanco. Pruebe de sal y pimienta.

7. Usando una cuchara, rellene las cáscaras de los chayotes con la mezcla de carne y deje a un lado.

8. Bata los huevos con el sofrito, el polvo de galleta y mantequilla. Con una brocha para cocinar, pase el huevo batido por encima de cada uno de los chayotes y hornee durante 10 a 15 minutos o hasta que el huevo se haya cuajado.

Acompáñelos con una ensalada verde.

Nota: En vez de carne se puede usar camarones guisados o una mezcla de vegetales variados.

Mollejitas en escabeche
(8 a 10 raciones)

Ingredientes:

- 2 lb de mollejas
- 1 cda de sofrito
- 2 cdtas adobo en polvo (o al gusto)
- 4 ó 5 dientes de ajo
- 1 cebolla grande en rebanadas
- 2 hojas de laurel
- ½ latita (2 oz) de pimientos morrones
- 1 cda de aceitunas rellenas
- ½ taza de vinagre
- 1 cda de alcaparras
- ½ taza de aceite de oliva
- 1 cubito en polvo caldo de pollo
- 1 litro de agua para ablandar las mollejas
- sal y pimienta a gusto

Procedimiento:

1. Lave y limpie bien las mollejas y adóbelas con el adobo en polvo. (Se pueden adobar el día antes.)

2. Póngalas a hervir con la mitad del sofrito hasta que ablanden, aproximadamente unos 45 minutos. Una vez cocidas, escurra y deje aparte.

3. En otro caldero, mezcle los demás ingredientes (cebolla, pimientos morrones, vinagre, aceite de oliva, sofrito, ajo, hojas de laurel, aceitunas rellenas, alcaparras) y cocine por 10 minutos o hasta que la cebolla quede amortiguada. Eche las mollejas a esta salsa, voltee, y cocine nuevamente por 3 minutos.

Sirva a la temperatura de la cocina. Sírvalas solas como aperitivo, con papas majadas, sobre arroz, con los guineos en escabeche o con ñame.

Nota: El escabeche de guineos verdes se puede combinar con las mollejas.

Guineos verdes en escabeche

(10 raciones)

Ingredientes:

- 10 a 12 guineos verdes
- 4 hojas de laurel
- 1 taza de aceite de oliva
- 10 granos de pimienta
- 1/4 taza de vinagre de manzana
- 3 cebollas grandes en rebanadas
- 1/4 taza de vinagre balsámico
- 1 pimiento verde
- 6 dientes de ajo (en rueditas)
- 1/2 taza de aceitunas rellenas
- 3 cdas de alcaparras
- 1 cdta de adobo en polvo
- 3 ó 4 ramitas de cilantro fresco
- 2 cdas de sal

Procedimiento:

1. Corte las puntas extremas de los guineos y hiérvalos en agua con sal hasta que ablanden, aproximadamente 10 minutos. (No los deje cocinar demasiado porque se desbaratan.) Sáquelos del agua y pélelos. Deje aparte.

2. Mientras los guineos hierven, mezcle todos los ingredientes en un caldero y póngalos a cocinar a fuego lento, aproximadamente 20 minutos.

3. Corte los guineos en rebanadas de 3/4 pulgadas y agréguelos a la mezcla de aceite y vinagre. Mueva y cueza por cinco minutos y deje aparte. Si se sirven el mismo día, se pueden dejar fuera de la nevera.

Sirva a la temperatura ambiente.

Pelando un plátano...

1. Corte las puntas..

2. Aguantando firmemente un extremo, haga un corte a lo largo de la cáscara.

3. Deslizando una cuchara, o parte redonda del cuchillo, o un pelador de plátanos, saque la cáscara.

4. Corte en rebanadas diagonales de 1/2 ó 3/4 pulgadas de grosor.

plátanos rebanados

Tostones con salsa de ajo

(4 a 5 tostones por plátano)

Ingredientes:

- 3 tazas de agua
- 4 plátanos verdes
- 2 cdta de sal
- 1 taza aceite para freír
- 3 dientes de ajo, machacados
- 1 cdta. de adobo en polvo

Procedimiento:

1. Eche agua, sal y dos dientes de ajo machacado en una vasija grande

2. Monde los plátanos y córtelos en forma diagonal de 1" de espesor. Ponga los plátanos partidos en el agua por unos 10 minutos. Sáquelos y escúrralos.

3. En una sartén, ponga el aceite a fuego mediano hasta que se caliente bien. Una vez el aceite esté bien caliente, eche los plátanos escurridos a freír hasta que se cocinen levemente por ambos lados. No los deje que se tuesten demasiado. Póngalos sobre papel toalla para que se absorba el exceso de aceite.

4. Si no tiene tostonera, aplaste levemente el plátano en la cáscara del plátano, en papel de aluminio, en papel toalla o sobre dos platillos, cuidando de no quemarse.

5. Echelos nuevamente en agua con sal y adobo y sáquelos inmediatamente. Fríalos hasta que se doren por ambos lados. Sáquelos y póngalos sobre papel toalla nuevamente.

6. Prepare una salsa, combinando el ajo y aceite de oliva. Pase esta salsa por cada uno de los tostones usando una brocha de cocina.

Sírvalos caliente.

Nota: ***Además de plátanos, los tostones se pueden preparar de guineo verde, de panapén o yuca.***

Racimo de plátanos "enanos"

Tipos de tostoneras

Molinillo para moler café

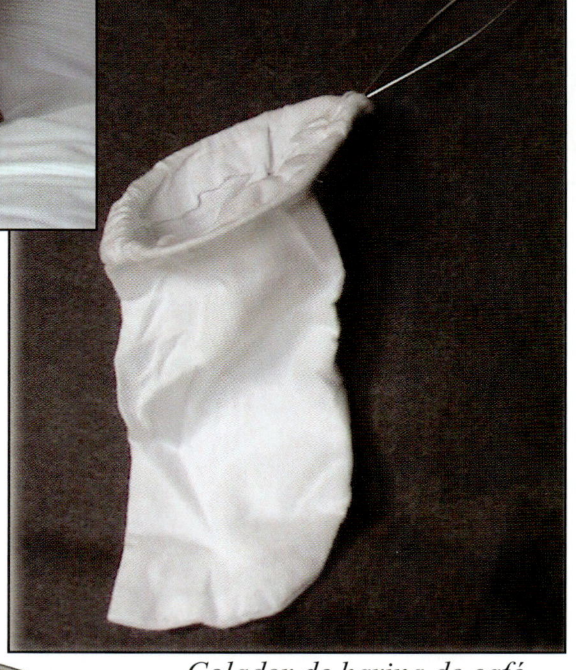

Colador de harina de café

Sabroso café

Bebidas

El clima caliente de Puerto Rico hace que las personas tengan necesidad de tomar algo constantemente. Para los cafeteros, no importa cuán caliente esté el día, un buen café viene bien a cualquier hora y en cualquier tiempo. El café con leche se le sirve a todo el mundo, incluyendo a niños de cualquier edad, aunque actualmente esta práctica está cambiando.

El té se tomaba más cuando la persona se enfermaba, aunque ya no es tanto.   El té que se preparaba (todavía muchas personas lo preparan) era con hojas frescas que se recogían en el patio de la casa o del vecino: paletaria, hoja de naranjo, mata de gallina, menta, yerbabuena, jengibre, entre otras.   El té es fácil para preparar: lavar cuatro o cinco hojas (se pueden combinar unas cuantas de ellas) con tres o cuatro tazas de agua, y se hierve por unos 10 minutos a fuego mediano. Puede añadirle azúcar si prefiere.

 El chocolate caliente era algo especial. Se servía en los velorios con galletas de soda y queso holandés y en la época navideña para pasar alguna "jumeta" (borrachera).

También se preparan bebidas con una variedad de frutas fáciles para conseguir en el supermercado, mercados, bodegas, que a la vez son refrescantes y nutritivas. Con las frutas se preparan champolas, batidas y ponches.

Se ha escrito un sinnúmero de libros acerca del vino, especialmente desde que se le atribuye su contribución a disminuir las enfermedades de origen cardiovascular. Conocido desde tiempos pre-históricos, es por lo general la bebida principal en la mayor parte de las comidas formales. Existe una variedad de vinos tintos y blancos, y dentro de esos dos grupos, hay otras categorías como rosados y espumosos, entre otros.

Cómo servir el vino

Copas

Se sugiere tomar el vino en copa para apreciarlo mejor. La copa debe mostrar el color, olor y sabor del vino, debe ser generosa en tamaño, con una boca que tenga suficiente espacio para airear el vino. Para esto la copa se llena solamente hasta la mitad. Existen copas para cada tipo de vino. Por ejemplo, las denominadas tulipán o flauta son exclusivas para el champán.

Temperatura

Si los vinos están demasiados templados (fríos) pierden el sabor. Los vinos tintos por lo general se sirven a la temperatura ambiente y, generalmente, los blancos fríos.

El vino y las comidas:

Lo que sigue son recomendaciones solamente y no reglas fijas. ¡El vino es para disfrutarse!

Vino tinto: carnes, quesos y salsas

Vino blanco seco: mariscos, pescados, fiambres ligeras, y salsas blancas.

Vino blanco dulce: frutas, paté (foie-gras), quesos azules (roquefort)

Vino espumoso (blanco o tinto): aperitivos y canapés

Vino licoroso (liqueur): para postre por ser generalmente dulces o semidulces

Sangría con vino tinto

(8 a 10 vasos)

Ingredientes:

- 3 tazas de vino tinto
- ½ manzana cortada en cubitos
- 2 tazas de agua carbonatada
- 1 tajada de papaya madura cortada en cubitos
- 3 ruedas de china/naranja con cáscara
- 6 ruedas de limón con cáscara de 1/4" de grosor
- 1/2 taza de azúcar blanca o a gusto

Procedimiento:

1. Lave bien la china y limón y corte en rebanadas

2. Combine vino y azúcar.

3. Mueva con cuchara de madera para disolver azúcar

4. Agregue agua carbonatada y vaya moviendo según va añadiendo.

5. Añada limón, china, hielo y sírvala fría.

Sangría con vino blanco

Use los mismos ingredientes que en la sangría con vino tinto, excepto que va a utilizar vino blanco y jugo blanco de uva.

Nota: Hoy día la sangría se prepara usando jugos naturales como el de parcha, mango y acerola.

Coquito
(10 a 12 raciones)

Ingredientes:

- 3 tazas de leche de coco (Esto es el equivalente a 2 latas de leche de coco.)
- 1 botella de rum o ½ de Brandy
- 1 cdta. de canela
- 3 latas de leche evaporada
- 2 cda. de vainilla
- 1 lata de leche condensada
- ½ taza de azúcar o a gusto
- 1 taza de leche fresca
- una pizca de sal
- 10 a 12 huevos

Procedimiento:

1. Usando una licuadora, combine la leche de coco, evaporada, condensada y azúcar. Mezcle bien.

2. En una cacerola aparte, añada los huevos uno a uno a la leche fresca y mezcle bien. Cuele en la mezcla de leche de coco y evaporada. (Paso #1)

3. Añada la canela, vainilla, sal y el ron. Mezcle bien.

4. Pruebe de azúcar. Si no lo quiere espeso, use solamente 6 huevos.

Notas:

1. Se le puede añadir una cucharada de chocolate rayado para cambiarle el color y sabor.

2. Las cantidades que se mencionan aquí se pueden reducir. Al preparar el coquito, se piensa en el sinnúmero de personas que pasarán a visitarle en navidad o en cualquier ocasión o actividad social. Por lo tanto, va a rendir unas cuantas botellas que se pueden utilizar para obsequiar a sus vecinos, familiares y amigos, además del consumo hogareño.

3. La leche de coco se obtiene rallando la pulpa y luego exprimiéndola. Si la cantidad no es suficiente, añádale una taza de agua bastante caliente y exprima nuevamente.

Batida de mango con yogurt
(2 vasos)

Ingredientes:

- 1/2 taza de pulpa de mango
- 2 (8 oz) yogurt simples, sin sabor, ni grasa
- 1 taza de agua
- 2 cdtas de azúcar
- 3 a 4 cubitos de hielo picadito

Procedimiento:

Mezcle todos los ingredientes durante 5 a 10 segundos. Sirva con hielo.

Nota: El mango se puede substituir por mamey.

Batida de yogurt con guineo y papaya
(4-6 raciones)

Ingredientes:

- 1 ½ taza de leche
- 1 guineo maduro
- 2 a 3 rebanadas de papaya
- 1 (8 oz) yogurt
- 1 cdta de extracto de vainilla
- azúcar a gusto
- 2 a 3 cubitos de hielo

Procedimiento:

Mezcle todos los ingredientes en una licuadora. Si la mezcla queda muy espesa, se le agrega un poco más de leche. Sirva bien fría.

Nota: La papaya se puede sustituir por fresas.

Ponche de frutas
(6 a 8 vasos)

Ingredientes:

- 2 limones en ruedas
- 1 lata (46 oz) de jugo de piña grande
- 1 botella (33.8 oz) mediana de ginger ale
- 1 botella mediana de 7up
- 1 lata de (46 oz) Hawaiian Punch
- 1 jugo (32 oz) de china
- 1 naranja/china en rebanadas
- 5 a 6 cubitos de hielo
- 1/2 cuartillo de jugo (16 oz) de china
- 1/2 papaya madura
- 1/2 taza piña en cubitos

Procedimiento:

Mezcle todos los ingredientes. Añada hielo al servirlo.

Nota: Se le puede añadir una lata de cerveza (12 oz) y ¾ taza de ron blanco para cambiarle el sabor.

Ponche de huevo
(1 ración)

Ingredientes:

- 1 taza de leche caliente
- 1 yema de huevo
- ½ cdta de azúcar
- 1 rajita de canela

Procedimiento:

1. Hierva la leche con la canela. Deje enfriar por dos minutos.

2. Mientras tanto, bata la yema de huevo con el azúcar hasta que esté cremosa.

3. Añada la leche a la mezcla. Mueva bien.

Sirva medianamente caliente.

Nota: La leche se puede sustituir por jugo de uvas. En este caso se sirve bien frío. Se usa frecuentemente para restaurar energías.

Chocolate con canela

(6 raciones)

Ingredientes:

- 1 lata de leche evaporada
- 1 taza de leche fresca
- 8 oz de chocolate en barra para rallar
- 2 rajas de canela
- 1/4 cdta. de maicena
- 1 cdta de vainilla
- 1/2 taza de agua para disolver la maicena
- azúcar a gusto (opcional)

Procedimiento:

1. Ralle el chocolate.

2. En media taza de agua, disuelva la maicena y deje a un lado.

3. Ponga las leches a calentar. Mientras se están calentando, añada el chocolate, canela, y vainilla, batiendo constantemente.

4. Una vez disuelto el chocolate, añada la maicena y bata. Una vez le añada la maicena, el chocolate va a quedar espeso.

Sírvalo caliente con galletas de soda o churros.

Nota:

1. El chocolate se puede poner al fuego para que se derrita en agua. Una vez derretido, se le añade las dos leches.

2. Al chocolate se le puede echar una cucharadita de algún licor, como el Kalhúa.

Limonada

(4 a 5 vasos)

Ingredientes:

- 1 taza jugo de limón fresco
- 1 taza de azúcar blanca
- 2 ó 3 hojas de menta
- ½ galón de agua

Procedimiento:

1. Disuelva el azúcar en dos cuartos de agua caliente.

2. Añada el jugo de limón y mueva bien.

3. Añada el resto del agua.

Sirva con cubitos de hielo, menta y adorne con rebanadas de limón.

Nota: Excelente con agua carbonatada.

Mabí
(4 litros)

Ingredientes:

- 1 1/2 onza mabí en cáscara
- l litro de agua para hervir cáscaras
- 2 tazas azúcar blanca
- 1 taza azúcar negra
- 4 tazas de agua caliente
- 1 1/2 tazas mabí ya hecho para pie

Procedimiento:

1. Lave las cáscaras de mabí.

2. Hiérvalas durante 10 minutos.

3. Disuelva el azúcar en el agua caliente en un recipiente hondo.

4. Cuele las cáscaras que ya han hervido y añádale el líquido a la azúcar disuelta.

5. Añada el mabí ya preparado (pie) a la mezcla de azúcar disuelta.

6. Con un cucharón, bata durante tres minutos hasta que forme espuma. Pruebe.

7. Envase en botellas dejando 2 ó 3 pulgadas del borde sin llenar para que suba y la espuma salga. Déjelo al sol por 24 horas o más.

Sírvalo frío como refresco.

Parcharrón

(2 vasos pequeños)

Ingredientes:

- 5 a 6 parchas
- azúcar a gusto
- ¼ taza de ron
- 1 taza de agua
- jugo de 2 limones
- hielo

Procedimiento:

1. Abra las parchas, saque la pulpa y separe las semillas.

2. Eche la pulpa en un jarrón de cristal.

3. Añada el jugo de los limones, agua, azúcar y mezcle bien. Pruebe.

4. Agregue el ron y mezcle bien. Sirva con hielo.

Té frío
(4 vasos)

Ingredientes:

- 3 ó 4 hojas de naranja
- 1 clavo de especia
- 1/2 raja de canela
- 3 tazas de agua
- azúcar a gusto
- l limón grande (jugo y cáscara)
- 1 taza de jugo de manzana blanco

Procedimiento:

1. Lave bien las hojas de naranja.

2. En una cacerola con dos tazas de agua, hierva las hojas con dos cáscaras de limón, clavo, canela y media cucharadita de azúcar durante 5 minutos. Deje enfriar por unos cinco minutos.

3. Cuele, añada hielo, jugo de manzana, el jugo de limón y una taza de agua. Pruebe de azúcar.

Sirva en vasos con hielo. Adorne con rebanadas de limón.

Ensaladas

Las ensaladas pueden servirse como aperitivo o como plato principal. Prácticamente cualquier alimento se puede utilizar para preparar una ensalada: productos frescos, enlatados o congelados, tales como frutas, vegetales, carnes, pescado, aves, pasta, arroz, quesos, entre otros. Cualquier carne que se utilice para preparar una ensalada debe estar deshuesada y sin el pellejo, las aceitunas y frutas sin semillas o pepitas.

¡Déjese inspirar y realice sus ideas creativas en la cocina! Experimente con frutas y varios vegetales y viandas al preparar las ensaladas. Aprovéchese de las frutas, vegetales y viandas que están en su tiempo o temporada. Las sobras del día anterior pueden usarse para preparar ensaladas y otros deliciosos platos.   Los aderezos y salsas enaltecen el sabor así como dan un toque de elegancia a muchas de las ensaladas básicas.

Ensalada de frutas

(6 raciones)

Ingredientes:

- 1 papaya pequeña madura
- 2 mangoes en cubitos
- ½ melón en cubitos
- 1 níspero maduro en cubitos
- 2 chinas mandarinas en gajos
- 1 carambola madura en rueditas

Aderezo para las frutas: Una el jugo de las parchas, limón, china y brandy.

- 2 parchas
- 1 limón
- ¼ taza de jugo de china
- 1 cdta de brandy
- azúcar a gusto (opcional)

Procedimiento:

1. Corte en cubitos la papaya, mango, melón, níspero y carambola, dejando algunas ruedas para adornar.

2. Añada los gajos de mandarinas y las ruedas de carambola. Mezcle bien.

3. Prepare el aderezo y agregue a la mezcla de frutas. Enfríe por media hora.

Sirva como aperitivo o postre.

Ensalada de pollo

(6 raciones)

Ingredientes:

- 2 pechugas asadas desmenuzadas
- 2 cdas aceitunas rellenas
- 1/2 taza de guisantes cocidos
- 1/4 taza cebollas rojas en rebanadas
- 2 tomates medianos, en cubitos
- 3 hojas de cilantro desmenuzadito
- 1/2 pimiento morrón partido en tirillas
- 1/4 de una ramita de apio americano rebanado

Ensaladilla o Aderezo:

- 1/4 taza vinagre-vino
- 2 dientes de ajo machacados
- 1/4 cdta pimienta negra en polvo
- 1/2 taza de aceite de oliva

Procedimiento:

1. En un recipiente mediano, mezcle todos los ingredientes.

2. Añada la ensaladilla. Mueva y deje a un lado.

3. Cuando esté listo para servir, coloque una hoja de lechuga en un plato y ponga la ensalada encima de la hoja. Sirva a la temperatura ambiente.

Ensalada verde

(6 raciones)

Ingredientes:

- 1 paquete de hojas verdes mezcladas
- 1 manojo de berro
- 3 hojas de menta
- 2 hojas de cilantrillo
- 1 tomate grande maduro en cubitos
- 1 pepinillo, en rebanadas
- 1 cebolla pequeña desmenuzada
- sal y pimienta a gusto
- 1 zanahoria pequeña
- 6 aceitunas negras y verdes

Procedimiento:

1. Enjuague todas las hojas y séquelas con papel absorbente y colóquelas en un recipiente para ensaladas.

2. Agregue el resto de los ingredientes y mezcle bien.

3. Cuando vaya a servirla, riéguele su aderezo favorito. Adorne con zanahoria y aceitunas.

Aderezo:

- 3 cdas de aceite de oliva
- 1 cdta de vinagre balsámico
- 1 cdta de vino de cocinar
- 1 cdta de vinagre de cidra de manzana
- ½ cucharadita de sofrito
- 1 diente de ajo machacado
- ½ cucharadita de adobo

Mezcle bien todos los ingredientes. Echela por encima de la ensalada, mueva y pruebe de sal.

Ensalada de tomate y frutas

(6 raciones)

Ingredientes:

- 1 cabeza de lechuga
- 1 tomate grande en cubitos
- 1 guineo partido en rebanadas de ½ pulgada
- 1 zanahoria en rebanadas
- 1 mango grande maduro en cubitos
- ½ cdta de sal
- jugo de un limón
- 1 cdta de aceite de oliva

Procedimiento:

1. Corte la lechuga en pedazos pequeños y coloque en un recipiente para ensalada.

2. Echele por encima la sal, jugo de limón y el aceite de oliva.

3. Añada el tomate, guineo, zanahoria y mango. Mezcle bien.

Sirva inmediatamente.

Notas: Esta ensalada debe prepararse cinco a diez minutos antes de servirla para que el guineo no se descolore. Se le puede añadir melón y papaya.

Ensalada de chayotes

(4 raciones)

Ingredientes:

- 2 chayotes (uno verde y otro blanco-crema)
- 4 tazas de agua para hervirlos
- 2 dientes de ajo machacados
- 1 cdta de sal
- 2 cdas de aceite de oliva
- 1 cdta de vinagre

Procedimiento:

1. Lave bien los chayotes.

2. Añada el ajo y sal y hierva sin pelarlos por unos 15 minutos o hasta que ablanden.

3. Una vez cocidos, escúrralos. Pélelos y corte en cubos.

4. Echele por encima el aceite y vinagre.

Sirva inmediatamente en hojas de lechuga.

Pimientos morrones asados

(5 a 6 raciones)

Ingredientes:

- 4 pimientos grandes (rojo, verde, amarillo y anaranjado)
- 2 cdas de alcaparras
- 2 cdas de aceite de oliva
- 1 cda de vinagre
- sal a gusto

Procedimiento:

1. Lave los 4 pimientos. Coloque los pimientos en la hornilla a fuego mediano. Deje quemar completamente.

2. Una vez los pimientos están totalmente quemados, saque de la hornilla y ponga en papel-toalla mojado y envuelva cada pimiento en un papel para sacarle todo lo quemado. (También puede lavarlos en agua fría.)

3. Limpie el pimiento sacándole las semillas de adentro. Corte los pimientos en lonjas verticalmente.

4. Coloque en un platón alternando con los colores: una lonja roja, una verde, una amarilla y una anaranjada. Echele por encima la sal, aceite y vinagre y las alcaparras.

Sirva a la temperatura ambiente.

Ensalada de habichuelas

(6 a 8 raciones)

Ingredientes:

- 4 tazas agua para hervir habichuelas
- 1/2 taza de garbanzos
- 1/2 taza de guisantes
- 1/2 taza de habas
- 1/2 taza de maíz (congelado)
- 1/2 taza de habichulas negras y rojas
- 1/2 taza de habichuelas tiernas
- 4 cdtas de sofrito
- sal y pimienta a gusto
- 1 cebolla pequeña, en rebanadas
- 1 pimiento morrón, en cubitos
- 1/4 taza de vinagre balsámico
- 1/2 taza de aceite de oliva
- 1/2 cdta de adobo en polvo

Procedimiento:

1. Si usa granos frescos (secos), escójalos individualmente, lave y remoje en agua, la noche anterior. (Algunos granos necesitan más tiempo que otros para cocinarse.)

2. El día que se prepara la ensalada, escurra los granos. Agregue agua fresca a un caldero con una cucharadita de sofrito y una cucharadita de sal. Hierva individualmente los granos hasta que estén blandos pero firmes, sin desbaratarse. (Hierva las habichuelas tiernas y el maíz. Puede usar el agua de los otros granos.)

3. Una vez cocidos, sepárelos del agua. Escurra y deje aparte.

4. Colóquelos todos en un envase para ensalada. Agréguela la cebolla y el pimiento morrón. Mezcle.

5. En un envase aparte, mezcle el vinagre, aceite, el resto del sofrito y el adobo. Agregue a la mezcla de habichuelas. Revuelva. Añada la pimienta en polvo y pruebe de sal.

Sirva a temperatura ambiente. Sirva sola, o en una hoja de lechuga, sobre pasta o arroz.

Ensalada de Habichuelas (receta en página anterior)

Aderezo para ensalada de habichuelas

Otro aderezo para la ensalada de habichuelas es el siguiente:

- 3 cdas de aceite de oliva
- ½ cucharadita de sofrito
- 1 cdta de vinagre balsámico
- 1 diente de ajo machacado
- 1 cdta de vino de cocinar
- ½ cucharadita de adobo
- 1 cdta de vinagre de cidra de manzana

Mezcle bien todos los ingredientes. Añádalos a la mezcla de habichuelas, mueva y pruebe de sal.

Nota: Si no quiere hervir los granos, puede comprarlos en lata. Sacarles el agua de las latas y añadirle el resto de los ingredientes. Esta es una forma rápida y sencilla para preparar esta ensalada. (Los productos enlatados ya traen sal, úsela con precaución.)

Ensalada de atún

(2 raciones)

Ingredientes:

- 1 lata de atún (3 onz.)
- 3 zanahorias pequeñas picaditas
- 1/2 cebolla pequeña picadita
- 1/2 espiga de apio americano, picadito
- 1/2 cdta de sofrito
- 1 tajada de pimiento morrón picadito
- 1 huevo hervido, picadito
- 1/2 sobre de caldo de pollo en polvo
- 1/2 de un pepinillo picadito
- sal a gusto

Procedimiento:

1. Si la lata de atún tiene bastante agua, escúrrala.

2. Usando un tenedor, maje bien el atún.

3. Añada todos los ingredientes, y mueva bien.

4. Pruebe de sal.

Sirva en una hoja de lechuga a la temperatura ambiente.

Notas:
1. **Se puede utilizar esta ensalada para preparar canapés y emparedados.**

2. **También puede hervir macarrones y añadirla para una ensalada de macarrones y atún. Se le puede añadir mayonesa o aceite de oliva antes de mezclarse.**

Sírvase a la temperatura ambiente.

Ensalada de camarones con aguacate

(4 raciones)

Ingredientes:

- 2 lbs de camarones pequeños
- ½ cebolla picadita
- 3 tazas de agua
- ¼ taza de apio
- 4 rueditas de limón
- 6 aceitunas rellenas en rueditas
- 2 aguacates maduros
- 1 cdta de alcaparras
- jugo de 2 limones
- 2 tomates picaditos
- 1 cda de aceite de oliva
- ½ pimiento morrón (rojo), picadito
- 1 cda de sofrito
- sal y pimienta a gusto
- 3 dientes de ajo machacados
- 2 hojas cilantrillo fresco picadito

Aderezo:

Mezcle bien los siguientes ingredientes y échelos por encima de la ensalada.

- 1 hoja cilantro, picadita
- ¼ taza jugo limón
- 1 diente ajo, machacado
- ¼ taza aceite oliva
- ½ cdta orégano
- ¼ taza vino blanco
- ¼ cdta salsa picante (opcional)

Procedimiento:

1. Desvene los camarones y lave bajo el chorro de agua. Ponga a hervir los camarones en tres tazas de agua con un diente de ajo durante 3 minutos. Escurra, pele, y corte los camarones en trozos pequeños.

2. Mezcle todos los ingredientes, excepto las ruedas de limón. Deje a un lado.

3. Corte los aguacates longitudinalmente por la mitad. Elimine la pepa (semilla) y corte la pulpa en trocitos, dejando un poco de la pulpa en el cascarón del aguacate. Riéguele unas gotas de limón por encima del aguacate para que no se ennegrezca.

4. Luego mezcle los trozos del aguacate con la mezcla de los camarones. Añada sal y pimienta a gusto y una cucharada del aderezo. Polvoree con cilantro y sirva la ensalada en la concha del aguacate.

Sirva a la temperatura ambiente.

Ensalada de camarones

(6 porciones)

Ingredientes:

- 2 ½ lb camarones
- 1 cda alcaparras pequeñitas
- 3 tazas agua
- 1 tomate grande en cubitos
- 3 dientes de ajo machacado
- 1 cebolla mediana en rebanadas
- 2 cdtas de sofrito
- ½ taza de apio (1/2 espiga)
- 1 hoja de laurel
- 3 ramitas de cilantro, picadito
- 4 a 5 granos de pimienta
- 2 hojas recao, picadito
- 1 pimiento verde picadito
- 1 zanahoria en cuadritos
- 1 pimiento morrón (rojo) picadito
- 1 cebollín, picado
- 6 aceitunas negras en rueditas
- sal y pimienta a gusto
- 6 aceitunas verdes rellenas en rueditas
- 1 cabeza de lechuga

Aderezo:

- Jugo de un limón
- 2 ó 3 gotas salsa picante
- ½ cdta orégano
- ¼ taza vino blanco
- 1 cda. vinagre de cidra de manzana
- 3 cdas aceite de oliva
- 1 cda vinagre balsámico

Procedimiento:

1. Desvene los camarones usando un cuchillo pequeño y lavándolos bajo el chorro de agua.

2. Coloque los camarones en un caldero con agua, dos dientes de ajo, una cucharadita de sofrito, hoja de laurel y pimienta en grano. Cocine a fuego mediano, aproximadamente ocho minutos. Escurra y deje a un lado.

3. Coloque los camarones en una vasija para ensaladas. Añádale los pimientos, aceitunas, alcaparras, tomate, cebolla, cebollín, apio, recao y zanahoria. Mezcle bien.

4. En un envase aparte mezcle bien el jugo de limón, orégano, los vinagres, salsa picante (opcional), vino, aceite, el resto del sofrito y ajo machacado. Riéguelo por encima de la ensalada de camarones. Añádale el resto de los ingredientes. Mezcle bien y deje que se marinee durante diez minutos.

Sirva a la temperatura ambiente en hojas de lechuga, de espinaca u otras hojas verdes.

Nota:
Otros mariscos como el pulpo o concha se pueden usar en vez de camarones.

Sopas y Cocidos

Cuando en el hogar se preparaban las sopas y los suculentos cocidos era
más bien para proveer energía y nutrición necesaria a los que trabajaban
fuerte fuera de la casa. (El caldo se le daba a personas enfermas con el
mismo propósito de proveer energía y nutrición.) Este tipo de comida
no costaba mucho, además de ser nutritiva, abastecía a toda la familia.
En aquella época todo valía barato y la gente ganaba muy poco. Así
que a muchos se les hacía difícil satisfacer sus necesidades básicas. Por
ejemplo, me cuenta mi papá que la gente no podía comer carne todos los
días por lo que muchas veces se iba al carnicero a pedirle los huesos de las
reses. Estos huesos le daban un sabor riquísimo a cualquier caldo. De ahí
salió la expresión *"Todos los días comen harina y una vez al año comen
gallina."* Esto denotaba la situación precaria de la época.

Hoy día las sopas se sirven como almuerzo o cena liviana o como
aperitivo a la cena. Con la excepción del "asopao", que su ingrediente
principal es el arroz, todos los demás cocidos se sirven acompañados
con arroz, por lo general, blanco.   En el sancocho, el garbanzo,
diferentes tipos de carnes y viandas son los ingredientes principales en su
preparación.

El caldo para sopas puede prepararse con anticipación hirviendo los
huesos de la carne de res, de pollo, o la cabeza del pescado. El caldo se
puede congelar para usarse oportunamente.

Sopa de guisantes (petits pois)

(4-6 raciones)

Ingredientes:

- 1 ½ taza de guisantes
- 2 cdas de sofrito
- 3 tazas de agua
- 2 tazas de caldo de pollo
- 1 sobre de sazón
- 1 zanahoria pequeña partida en cubitos
- 3 dientes de ajos machacados
- ½ taza de vino tinto de cocinar
- ½ taza de apio americano en cubitos
- 1 cdta de aceite de oliva
- 1 papa mediana partida en cubitos
- sal y pimienta a gusto
- ½ taza de jamón de cocinar en cubitos
- 1 hoja de laurel

Procedimiento:

1. En una olla grande ponga a hervir agua con el sofrito, sazón, cubito de pollo, ajo, jamón y los guisantes a fuego mediano hasta que ablanden, aproximadamente 30 minutos. Mueva ocasionalmente.

2. Añada el vino y el resto de los ingredientes. Cocine por 5 minutos más.

3. Una vez se sirva, échele pedacitos de tocineta por encima.

Sírvala caliente con pan con ajo.

Sopa de habichuelas negras con chorizo

(6 raciones)

Ingredientes:

- 1 lb de habichuelas negras
- 4 tazas de agua
- 3 dientes de ajo
- 2 cdas. de sofrito
- 5 hojas de cilantro
- 1 papa cortada en cubitos
- 1 taza de caldo de pollo
- 2 hojas de laurel
- 1 lata (8 oz) salsa de tomate
- ½ lb de jamón de cocinar
- 1 pedazo de chorizo rebanado
- ½ cdta de orégano
- 1 cda de aceite de oliva
- ½ cdta. de adobo
- ½ taza de vino tinto
- sal a gusto
- 1/3 de una espiga de apio americano en pedacitos
- ½ cdta de pimienta

Procedimiento:

1. El día antes, ponga las habichuelas en agua. Descarte el agua el día que va a cocinar las habichuelas.

2. En una olla tamaño mediano, agregue las cuatro tazas de agua, el ajo, cilantro, hojas de laurel, apio y adobo. Hierva las habichuelas hasta que estén a medio ablandar.

3. En un sartén aparte, sofría por unos minutos el aceite, salsa de tomate, adobo, sofrito, y orégano. Agregue el chorizo y el jamón de cocinar. Cocine por 2 minutos y mueva.

4. Añada esta mezcla a las habichuelas y mezcle bien.

5. Añada las papas y el resto de los ingredientes.

6. Cocine hasta que las habichuelas y las papas estén blanditas. Pruebe de sal y pimienta.

Se pueden comer solas o acompañadas de pan con ajo o de arroz blanco.

Nota: Por lo general, el chorizo, caldo de pollo, adobo, apio y el jamón contienen sal. Pruebe primero para ajustar la sazón a su gusto.

Asopao de pollo

(6 raciones)

Ingredientes:

- 4 presas de pollo partidas en pedazos
- ½ taza de arroz
- 3 cdas de sofrito
- 1 cda de adobo en polvo
- 2 cdas de aceitunas
- sal y pimienta a gusto
- 1 cda de alcaparras
- 2 cdas aceite de oliva
- 1/2 taza de guisantes
- 2 oz de jamón de cocinar
- 3 ó 4 hojas de cilantrillo fresco picadito
- 3 ajíes dulces picaditos

Procedimiento:

1. Combine todos los ingredientes, excepto el arroz y guisantes, en un caldero grande.

2. Hierva a fuego lento por 20 minutos.

3. Al cabo de los 20 minutos, añada el arroz.

4. Mueva, sazone de sal y pimienta, tape, y deje hervir hasta que tanto el pollo como el arroz estén cocidos. Adorne con guisantes.

Sirva inmediatamente.

Nota: Si no lo va a servir inmediatamente, sáquele el caldo y deje aparte hasta que lo vaya a servir. El arroz absorbe todo el líquido y deja seco el "asopao".

Sancocho

(10 raciones)

Ingredientes:

- 10 tazas de agua
- ½ lb jamón de cocinar cortado en cubitos
- 2 cdas de aceite de oliva con achiote
- 3 cdas de sofrito
- ½ taza de salsa de tomate
- 3 presas de pollo en pedazos pequeños
- 1 zanahoria partida en rebanadas
- ½ lb carne de res partida en pedazos de 1"
- 1 mazorca de maíz partida en ruedas
- 1 lb de repollo cortado en pedazos
- ½ libra de ñame
- 1 chayote partido en pedazos
- 1 plátano verde partido en ruedas
- ½ lb de calabaza partida en pedazos
- 2 papas grandes partidas en pedazos
- 1 yautía grande partida en pedazos
- 1 yuca pequeña partida en pedazos
- ½ lb de apio (la raíz)
- 1 sobre de sazón
- 1 batata blanca pequeña partida en pedazos
- sal y pimienta a gusto
- 3 ó 4 hojas de cilantro
- 2 dientes de ajo machacados
- 1 cdta. de orégano

Procedimiento:

1. Lave las carnes y las viandas.
2. Una vez lavadas las carnes, sofríalas con el aceite con achiote, sofrito, y ajo.
3. En una olla grande con agua, coloque las carnes, el sobre de sazón, orégano, salsa de tomate y cilantro y ponga a hervir hasta que las carnes estén un poco blanda.
4. Pele las viandas y añádalas en el siguiente orden ya que unas tardan más tiempo que otras en cocinarse: Así que aproximadamente 15 minutos después que las carnes han hervido, agréguele el maíz, el apio, y la yuca. Tres minutos más tarde, agregue el chayote, plátano y repollo. Tres minutos más tarde, añada la yautía, ñame, batata, papas. Luego la zanahoria y la calabaza. (Si tiene caldo de pollo, agregue una taza.) Pruebe de sal.
5. Deje hervir tapado hasta que el caldo espese y las viandas ablanden. Si está muy espeso, échele más agua.

Sírvalo solo, con arroz blanco y aguacate.

Notas: Una vez prepare el sancocho, se dará cuenta de cuánto tiempo debe esperar en agregar las diferentes viandas. Si echa todas las viandas juntas desde el principio, se formará un puré con algunas de ellas, especialmente con la yautía y calabaza que se ablandan rápidamente. Anote en los márgenes de la receta el tiempo que le toma en cocinarse una que otra vianda.

Todas estas viandas contienen carbohidratos, por lo que se puede eliminar el arroz blanco.

Este es un plato que aunque lo prepare para dos o tres personas, al agregarle un pedacito de cada una de las viandas, rinde para muchos más. Se puede congelar en envases individuales y servirse entre días.

Sancocho

. . . .

Mondongo (vea receta en página siguiente)

Mondongo

(6 raciones)

Ingredientes:

- 2 lb "toalla" de res
- 1 lb de patitas
- 2 limones o 2 naranjas agrias
- 2 cdas sofrito
- 3 hojas de cilantro
- 2 cdas aceite con achiote
- ½ pimiento verde
- 3 dientes de ajo machacados
- 1 cdta adobo en polvo
- 1 lata de garbanzos (15 oz)
- ½ lb de repollo picado
- 2 papas picadas en cuartos
- ½ lata salsa de tomate
- 1 cebolla pequeña picadita
- 1 taza de macarrones
- 4 onzas de jamón de cocinar
- sal y pimienta a gusto

Procedimiento:

1. Limpie, lave la "toalla" con limón naranja, o vinagre. Manténgalo así por unos 15 minutos.

2. Corte en pedazos pequeños (de una pulgada). Enjuáguelo nuevamente. Esto es para evitar cualquier olor fuerte.

3. Eche en un caldero de sopas y añada el sofrito, cilantro, aceite con achiote, pimiento, ajo, salsa de tomate y adobo. Sofría por unos tres minutos. Añada 3 tazas de agua, mueva y ponga a cocinar por unos 30 minutos o hasta que se ablande. Pruebe de sal.

4. Añada los garbanzos y el repollo y deje cocinar por unos 10 minutos más.

5. Añada las papas y deje cocinar hasta que todo esté cocido/blando.

Sirva sólo o con arroz blanco y aguacate.

Notas:

1. *La "toalla" también se conoce como panza, ¨fuerza¨ y ¨tripa¨. En el supermercado viene empacada por libras. En la carnicería se puede comprar por las cantidades que guste.*

2. *Vigile constantemente la cantidad del agua, para que le siga añadiendo si es necesario. El líquido se va gastando a medida que se va cocinando.*

Sopa de pollo

(6 raciones)

Ingredientes:

- 2 lb pollo
- 1 cdta adobo en polvo
- 4 tazas agua
- 2 cda sofrito
- 1 cebolla pequeña, picadita
- 4 hojas de cilantro, picadito
- 2 hojas de recao, picadito
- 2 dientes ajo, machacados
- 1 cubito de pollo
- 2 papas medianas (peladas, lavadas y partidas en cuatro)
- 4 oz de fideos finos
- sal a gusto

Procedimiento:

1. Remueva el pellejo (la piel) al pollo.

2. Limpie, lave y corte los pedazos de pollo en pedazos pequeños.

3. Adobe la carne con el adobo en polvo y deje aparte.

4. Coloque los pedazos de pollo en una olla grande.

5. Añada todos los ingredientes, excepto papas y fideos.

6. Cocine el pollo a fuego mediano por 20 minutos en 8 tazas de agua.

7. Pruebe de sal.

8. Añada las papas. Mueva, cubra y deje cocinar a fuego lento durante 10 minutos.

9. Añada los fideos. Mueva y tape. Cocine durante diez minutos más, hasta que las papas y los fideos estén cocidos.

Sírvalas calientes.

Nota: Se puede usar 1/4 taza de arroz en vez de fideos. (Los médicos recomiendan la sopa de pollo como uno de los mejores remedios para el catarro.)

Sopa de lentejas

(6 a 8 raciones)

Ingredientes:

- 1 lb de lentejas
- sal y pimienta a gusto
- 5 tazas de agua
- 1 cda de adobo con sazón
- 4 oz de jamón de cocinar
- 2 cdtas de aceite de oliva
- 2 cdas de sofrito
- 1 papa mediana picada en cubitos
- 3 ó 4 hojas de cilantro
- 2 dientes de ajo, machacados
- ½ taza de apio americano en ruedita
- 1 zanahoria partida en cubitos
- 1/2 taza salsa de tomate

Procedimiento:

1. Lave las lentejas.

2. En una olla grande, ponga a hervir las lentejas con el sofrito, cilantro, ajo y adobo durante unos 30 minutos hasta que estén al dente (ni muy blandas, ni muy duras).

3. Mientras tanto sofría el jamón, y añádalo a las lentejas, mueva y tape.

4. Agregue la zanahoria, papa y el apio. Deje hervir hasta que todo esté cocido. Pruebe de sal y pimienta.

Sírvalas caliente con pan con ajo.

Sopa de papas

(5 a 6 raciones)

Ingredientes:

- 2 papas medianas picaditas
- ½ de una espiga de apio americano
- 2 cdas de sofrito
- 1 cdta de aceite de oliva
- 1 taza de caldo de pollo
- 1 taza de crema de leche
- sal y pimienta a gusto
- 1 cdta de adobo en polvo
- 2 dientes de ajo machacados
- 1 cebolla pequeña bien picadita
- 1 ó 2 hojas de cilantro bien picadita para adornar las sopas
- 1 litro de agua

Procedimiento:

1. Lave, pele y parta las papas en cubitos.

2. En una olla grande, ponga a hervir tres tazas de agua con el ajo, adobo y papas.

3. Sofría en aceite el apio, cebolla y sofrito, y agregue esta mezcla a las papas. Mueva de vez en cuando.

4. Una vez las papas están blandas, májelas con una cuchara grande y agregue el resto de los ingredientes. Deje cocinar hasta que todo esté blando.

Una vez servidas, adorne con los pedacitos de cilantro o perejil si no tiene cilantro.

Nota: Deje unos pedacitos de papa para que los eche a las sopas una vez listas para servirse.

Caldo de pescado

(5 raciones)

Ingredientes:

- 2 lb de pescado (3 ó 4 cabezas)
- 4 tazas de agua
- 2 ó 3 hojas de cilantrillo
- 1 cda de sofrito
- 3 ó 4 dientes de ajo
- ½ taza de cebolla picadita
- ½ taza de apio americano
- 2 cdas de jugo de limón
- sal y pimienta a gusto
- ½ taza de zanahorias picaditas

Procedimiento:

1. Limpie las escamas, corte las aletas y la cola. Lave el pescado.

2. En un caldero, ponga todos los ingredientes a cocinarse a fuego lento durante 20 minutos. Mueva de vez en cuando. Pruebe de sal.

3. Una vez cocido, cuele.

Sírvalo caliente con pan con ajo.

Notas:

Uselo para sopas o salsas.   He aquí tres variantes para usar este caldo:

1. *Puede rallar un plátano, echárselo y preparar unas sopas de plátanos. Deje cocinar por unos 10 minutos.*

2. *Uselo para preparar una sopa de mariscos: Añada una docena de camarones limpios, una docena de almejas y mejillones (lavados y restregados), una libra de filete de pescado cortado en pedacitos. Deje hervir hasta que las almejas y mejillones abran. Sirva caliente.*

3. *Sirva este caldo en un plato hondo y coloque un mofongo en el centro (vea receta en la página 117).*

Pruebe de gusto este caldo antes de agregarle cualquier condimento a estas variantes. Recuerde que el caldo tiene ya los condimentos que necesita.

Platos Principales

Tendemos a enfocarnos en los platos principales al planificar un menú cuando tenemos compañía a la mesa, el cual puede empezar con carbohidratos (arroz o cualquier vianda tal como papas, yuca, yautía, entre otros), añadimos alguna carne, vegetales, una ensalada y un postre liviano. (Aquellas personas conscientes de su salud están reduciendo los carbohidratos de sus comidas.) A veces tomamos decisiones basadas en lo que nos gusta, y no en lo que contiene el plato principal. Por ejemplo, dos aperitivos o una ensalada podrían considerarse un plato principal.   Una comida de un solo plato como lo es el pionono, preparado con carne y vegetales, no necesita acompañamientos. Todas las recetas en este libro pueden servirse como plato principal con alguno que otro ajuste.

Viandas

Conocidas como tubérculos son vegetales que le dan variedad, color, textura y sabor a las comidas. Son versátiles porque se pueden desmenuzar (picar, tajar), cortar en cubitos, partir en rebanadas (rodajas, tajadas, en trozos), hervir a fuego lento, saltear, freír, hornear, hacer en puré, marinar o adobar en una salsa.

Cuando se seleccionan, almacenan y se preparan vegetales frescos, conviene escogerlos sin manchas y en la época de mayor consumo para que duren más tiempo. Lávelos cuidadosamente (sin remojarlos), secarlos y refrigerarlos en bolsas plásticas envueltos en papel toalla secante. Las viandas de raíces (ñame, yuca y yautía, entre otras) deben guardarse, sin lavar, en un área oscura y bien ventilada.

Algunas de las viandas de Puerto Rico

Salmorejo de jueyes

(6 a 8 raciones)

Ingredientes:

- 6 cdas aceite de oliva
- 2 1/2 tazas carne de jueyes cocida (6 a 9 jueyes cocidos)
- 2 cdas de sofrito
- ½ taza salsa de tomate
- 3 dientes de ajo, machacados
- 1 pimiento morrón picadito
- 1 sobre de sazón con achiote
- sal y pimienta a gusto
- 3 ó 4 hojas cilantro
- 2 tazas de agua

Procedimiento:

1. En un caldero, ponga a sofreír a fuego lento por unos minutos el aceite, sofrito, ajo, sazón, y cilantro.

2. Añada la carne de jueyes, agua, salsa de tomate y pimiento morrón. Cueza por 10 a 15 minutos, moviendo de vez en cuando. Pruebe de sal y pimienta.

Sirva con guineos verdes o ñame hervido, o con arroz blanco.

Nota:
La carne de jueyes se puede utilizar para rellenar frituras tales como alcapurrias, empanadillas, tostones, zetas, carnes y pescado, entre otros.

Pescado en escabeche

(6 a 8 raciones)

Ingredientes:

- Pescado de 4 a 5 libras
- 2 cdtas adobo en polvo
- Jugo de 2 limones
- 1 taza aceite para freír
- sal a gusto para adobar pescado

Salsa para Escabeche:

- 2 cebollas medianas, partida en ruedas
- 6 dientes de ajo, partidos en ruedas
- 8 a 10 aceitunas rellenas
- 3 hojas de laurel
- 1 taza de vino blanco
- 1 cda de alcaparras
- 3/4 taza de vinagre
- 1 cdta sofrito
- 2 tazas aceite de oliva
- 5 ó 6 granos enteros de pimienta
- sal a gusto

Procedimiento:

1. Limpie el pescado de las escamas (si tuviera), lávelo y pártalo en rebanadas de una pulgada de ancho. Condimente con limón y adobo en polvo. Déjelo tapado por 30 minutos.

2. Caliente el aceite en una sartén para freír. Fría las rebanadas de pescado en el aceite caliente. Cuando se dore por ambos lados, retírelo del fuego y deje aparte.

3. Prepare la salsa para escabeche: Combine todos los ingredientes que aparecen bajo la salsa para el escabeche y cocine hasta que la cebolla se amortigüe. Una vez cocida la cebolla, viértala sobre el pescado frito y tápela para que adquiera mejor sabor.

Sirva a la temperatura ambiental con ensalada y tostones con ajo.

Notas:
a. *El escabeche tiene mejor sabor uno o dos días después de preparados.*

b. *El atún, la sierra, chillo o carita son los mejores pescados para preparar escabeche por su facilidad para rebanarse y por tener menos espinas.*

c. *Para que el pescado no se pegue a la sartén al freírse, páselo por harina de trigo.*

Quimbombó con camarones

(6 raciones)

Ingredientes:

- 2 lb de quimbombó
- 1 cda de alcaparras
- jugo de 2 limones
- 3 cdas de aceitunas rellenas
- 2 lb de camarones
- ½ cebolla pequeña, picadita
- 1 cda de adobo en polvo
- ½ taza de vino tinto
- 2 cdas de aceite de oliva
- 1 cdta de vinagre balsámico
- 2 cdas de sofrito
- 2 hojas de laurel
- ½ cdta de orégano
- ½ taza apio americano, en rebanaditas
- 2 sobres de sazón con achiote
- sal y pimienta a gusto
- 3 dientes de ajo, machacado
- ½ taza de arroz cocido (opcional)
- 1 chorizo, en rebanadas
- 2 zanahorias grandes, en ruedas
- 1 taza de salsa tomate
- 2-3 gotas de salsa picante (opcional)
- 2 tazas de tomates triturados

Procedimiento:

1. Corte el quimbombó en tres pedazos. Lávelo con agua caliente. Déjelos en agua tibia con un poquito de sal por unos 15 minutos. Escurra. Echele el jugo de dos limones y déjelo así por 10 minutos. Escurra nuevamente.

2. Desvene, limpie y lave bajo el chorro de agua los camarones y condimente con adobo en polvo. Deje a un lado.

3. En un caldero ponga a calentar el aceite y añada los camarones y sofría por dos minutos, moviendo constantemente. Añada sofrito, orégano, sazón, y ajo. Mueva y deje aparte.

4. Sofría el chorizo y deje aparte.

5. En un caldero, combine salsa de tomate, tomates triturados, alcaparras, aceitunas y cebolla. Mueva y agregue el quimbombó, camarones, chorizos y el resto de los ingredientes, excepto el arroz y la zanahoria. Pruebe de sal y pimienta.

2. A los 8 minutos de estar hirviendo, añada la zanahoria y el arroz cocido. Cocine a fuego bajo hasta que los camarones estén cocidos.

Nota:
En vez de camarones se puede usar carne de cerdo, pollo, pavo, de ternera o bacalao desalado.

Pasteles de guineos verdes

(20 pasteles*)*

Ingredientes:

- 24 guineos verdes
- pasas al gusto
- 3 plátanos verdes
- 1 cebolla picadita
- 1 lb yautía blanca
- 1 pimiento verde picadito
- 1 taza de leche fresca
- 1 taza de aceite con achiote
- 1 cda de orégano
- sal y pimienta a gusto
- 1 cubito de pollo en polvo
- 2 tomates picaditos
- 3 lb de carne (masa) de cerdo
- 1/4 lb jamón
- 1 lata (8 oz) de salsa de tomate
- 5 hojas de cilantro
- 1/2 taza de aceitunas rellenas
- 2 cdas de alcaparras
- 3 cdas de adobo
- 1 taza de agua para ablandar carne

Materiales:

- 3 paquetes de hojas de plátanos
- Cordón para amarrar

Procedimiento:

1. Pele los guineos, plátanos y la yautía.

2. Remoje los guineos en agua con sal durante 5 minutos. Rállelos en la parte más fina del guayo/ rallador.

3. Añada leche, sal y dos cucharadas de aceite con achiote. Mezcle bien hasta que esté uniforme en el color. Pruebe de sal y sazón en general y deje aparte hasta que se prepare la carne.

4. Corte la carne y jamón en cubitos pequeños.

5. Añada las alcaparras, aceitunas, adobo, cilantrillo, cebolla, pimiento, tomate, achiote y orégano. Cocine por 20 minutos hasta que la carne esté cocida.

6. Limpie y amortigüe las hojas de plátanos y córtelas en pedazos de 10 pulgadas cada una. Use uno o dos pedazos de las hojas para cada pastel.

7. Coloque en un platillo aparte las aceitunas rellenas, las pasas y los pimientos morrones.

8. Vierta en el centro de la hoja una cucharada de la salsa de la carne que contiene grasa o aceite con achiote de la carne, y extiéndala un poco sobre la hoja con un cucharón de servir.

9. Ponga 2/3 taza de la masa y extiéndala en forma rectangular.

10. Vierta dos cucharadas de carne con su salsa en el centro de la mesa, una o dos aceitunas rellenas, una tirita de pimiento morrón, y tres o cuatro pasas (o a su gusto).

Continúa en la próxima página

11. Envuelva el pastel doblando la
hoja hacia delante y los extremos
hacia dentro.

12. Puede amarrar dos pasteles
juntos, las partes dobladas frente a
frente, como si fuera un paquete.
Use el cordón para amarrarlos sin
apretar mucho para que no se salga

la masa o no se rompa la hoja. No
los amarre muy flojos porque se
puede salir la masa al hervirse.

13. Hiérvalos tapados en un caldero
en agua con sal por una hora,
moviéndolos de vez en cuando.
Remueva del agua, escurra y sirva
caliente.

Pasteles servidos en hoja de guineos

Tradicionalmente los pasteles se preparan en hojas de guineo o de plátano y se amarraban con hollejo (la parte seca de la mata de guineo). Pero si éstas no se consiguen, se utiliza papel de aluminio o papel encerado. Cuando no hay suficientes hojas de guineos, por lo general, se parten en pedazos pequeños y se colocan encima del papel para conservar el olor y sabor del guineo (Vea las ilustraciones). El pastel que se ilustra aquí se envolvió en papel de aluminio con un pedazo de hoja de guineo. El usar la salsa de la carne en la hoja del guineo ayuda a mantener el pastel húmedo y que se deslice fácilmente de la hoja al servirse.

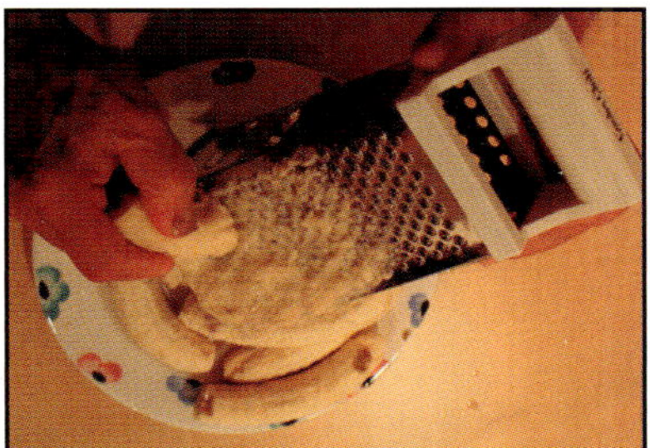

Rallando el guineo

Masa de guineo

Relleno de carne

Salsa de la carne con aceite y achiote en la hoja del guineo

Masa del guineo sobre la salsa de la carne en la hoja

Extendiendo la masa en la hoja de guineo

Añadiendo carne sobre la masa

La masa con la carne lista para envolverse

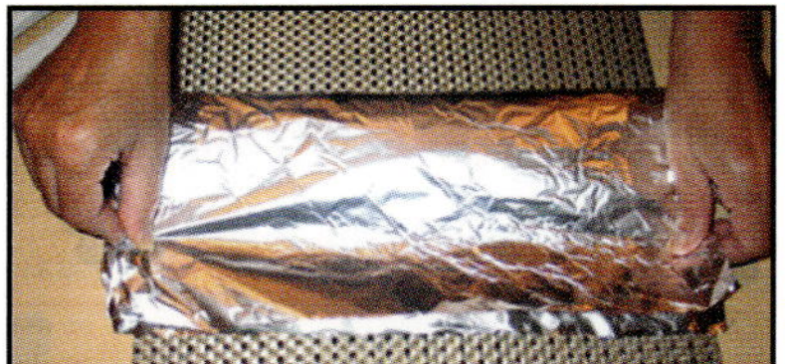

Doble la hoja y el papel hacia delante

Doble dos veces los bordes para sellar la masa

Doble los extremos hacia dentro

Acomode la masa en el centro

Doble los extremos (esquinas) hacia el centro

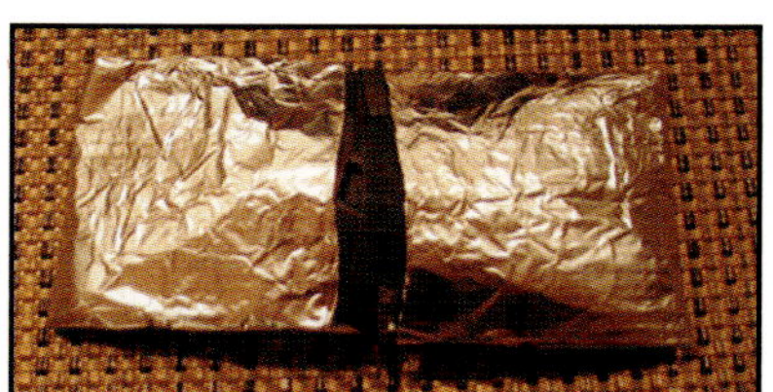

Ambos extremos doblados

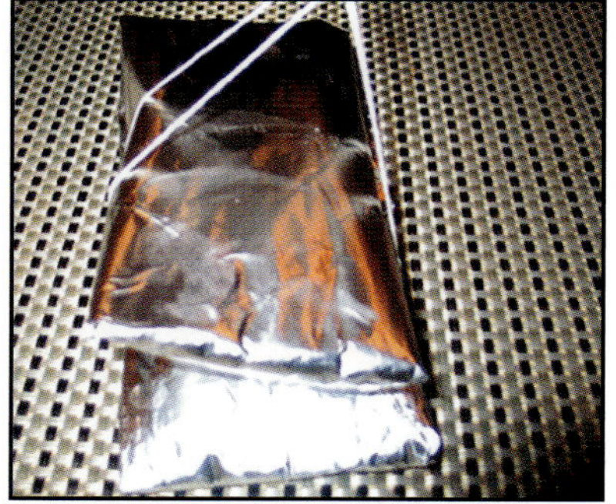

Amarre por el centro usando un cordón

Amarre a lo largo

Pasteles cocinándose

Un pastel servido

Pasteles de yuca

(20 pasteles)

Ingredientes:

- 1 cubito de pollo
- 5 lb. yuca
- 3 lb carne de masa
- 3 cda de adobo en polvo
- 1 litro agua para ablandar carne
- 1 taza aceite de oliva
- 1/2 taza leche fresca
- 1 taza aceite con achiote
- 1 taza de pasas (opcional)
- 1 cubito pollo
- sal y pimienta a gusto
- 1 taza de sofrito fresco
- 1 lata (8 oz) salsa de tomate
- 1 pote (7 oz) mediano aceitunas rellenas
- 1 pote (4 oz) pequeño de alcaparras
- 1 pote (6-1/2 oz) mediano pimientos
  morrones, partidos en tiritas
- 2 papas partidas en cubitos

Materiales:

- Cordón (1 rollo)
- 2 lb hojas de guineo (pasadas por el fuego o amortiguadas)

Preparación de la Carne:

1. Lave y seque la carne. Límpiela removiendo grasa o pellejo y pártala en pedacitos pequeños.

2. Sazónela con adobo en polvo. (El adobo tiene sal, por lo tanto, se le recomienda que lo pruebe antes de añadirle más.) Deje aparte.

3. Prepare aceite con achiote y cuélelo en el caldero donde guisará la carne. Póngalo a fuego mediano.

4. Agréguele dos cucharones de sofrito, salsa de tomate, cubito de pollo, aceitunas rellenas, alcaparras. Sofría por unos segundos, moviendo para que no se pegue del caldero ni se queme. Añada la carne y sofría por unos tres minutos.

5. Añádale agua hasta que cubra la carne. Cuando haya hervido durante 15 minutos, agregue las papas ya partidas en cubitos. Tape y cocine a fuego mediano hasta que ablande. Cuando esté cocida, retírela del fuego. Deje aparte.

Preparación de la masa:

1. Disuelva un cubito de pollo en una taza de agua. Deje aparte.

2. Mientras se cocina la carne, monde, lave y ralle la yuca.

3. Luego de rallar la yuca, exprímala un poco para sacarle parte de la leche o almidón. (Use una tela de algodón para exprimir la leche.)

4. Agregue el aceite con achiote, la salsa de tomate y el agua con el cubito de pollo disuelto a la masa. Mezcle bien hasta que la masa tenga un color uniforme y esté suave. (Es mucho mejor amasarla con las manos.)

Preparación del pastel:

1. Limpie con un paño húmedo las hojas de guineo. Pártalas en pedazos de más o menos 12 pulgadas cada una.

2. Coloque en un platillo aparte las aceitunas rellenas, las pasas y los pimientos morrones.

3. Vierta en el centro de la hoja una cucharada de la salsa de la carne con aceite con achiote, y extiéndala un poco sobre la hoja con una cuchara.

4. Ponga 2/3 taza de la masa y extiéndala en forma rectangular. Vierta dos cucharadas de carne con su salsa en el medio, una o dos aceitunas rellenas, una tirita de pimiento morrón, y tres o cuatro pasas (o al gusto).

5. Envuelva el pastel doblando la hoja hacia delante y los extremos hacia dentro.

6. Puede colocar dos pasteles juntos, unidos por las partes dobladas. Amarre con cordón de tal modo que ni sea muy apretado ni muy suelto para prevenir que se rompa la hoja y que no se salga la masa al cocinarse.

7. Hiérvalos tapados en un caldero en agua con sal por una hora, moviéndolos de vez en cuando.

Sírvalos solos, con arroz con gandules, con arroz blanco y una ensalada de lechuga y tomate.

Notas:

a. ***Los pasteles se pueden preparar con anticipación, congelarse y luego cocinarlos por una hora y media. También se pueden calentar en el microonda todavía envueltos, siempre y cuando no tengan papel de aluminio en la envoltura y estén cocidos.***

b. ***El número de pasteles varía según su tamaño.***

Mofongo

(3 raciones, dependiendo del tamaño)

Ingredientes:

- 3 plátanos verdes
- 5 a 6 dientes de ajo
- 1 taza de chicharrón de cerdo
- 1 cdta de sofrito fresco
- sal a gusto
- aceite para freír
- 1 taza de aceite de oliva

Procedimiento:

1. Corte los extremos de los plátanos y póngalos en agua con sal por unos cinco minutos para que no se manche las manos.

2. Pasado los cinco minutos, pélelos y córtelos en rebanadas de 1 ½ pulgadas.

3. Ponga las rebanadas en agua con sal nuevamente por unos 10 minutos.

4. En una sartén, caliente el aceite y ponga a freír las rebanadas hasta que se doren pero sin tostarse. Colóquelas en papel absorbente.

5. Coloque 6 rebanadas en un pilón o mortero, añadiendo media cucharadita de ajo, 1 cdta de aceite de oliva, una pizca de sofrito y chicharrón triturado presionando y moviendo con la maceta. Pruebe de sal.

6. Usando una cuchara saque del pilón y forme una bola. Decida de qué tamaño desea hacer las bolitas.

Sírvalo caliente inmediatamente. Puede agregársele carne frita de cerdo. Es sabroso en caldo de pescado o de pollo, o con carne molida en salsa. Igualmente delicioso relleno de mariscos.

Nota: El mofongo no se presta a recalentarse.

Piñón de plátanos maduros

(6 a 8 raciones)

Ingredientes:

- 6 plátanos maduros
- ¾ lb de habichuelas tiernas corte francés
- 2 1/2 tazas carne molida
- 6 huevos
- 1 pizca de sal
- 2 dientes de ajo machacado
- mantequilla para freír los plátanos

Procedimiento:

1. Prepare la carne molida (vea receta en pág. 127) y deje aparte.

2. Lave las habichuelas tiernas, corte las puntas y luego en mitades.

3. Echelas a hervir en agua caliente con una pizca de sal y ajo machacado por unos 10 minutos. Cocínelas al dente. Escurra y deje a un lado.

4. Pele los plátanos y córtelos por la mitad. Luego córtelos longitudinalmente en tajadas.

5. Póngalos a freír levemente por ambos lados. Ponga en papel absorbente. Deje a un lado.

6. Encienda el horno a 350 grados.

7. Engrase con mantequilla un molde de cristal.

8. Bata tres de los huevos con una pizca de sal y esparza en el molde engrasado.

9. Coloque las tajadas de plátanos encima de esta mezcla de huevos. Cubra completamente el molde.

10. Coloque encima el picadillo de carne, cubriendo todos los amarillos.

11. Coloque las habichuelas tiernas encima del picadillo y luego otra camada de amarillos encima.

12. Bata los otros huevos y riegue por encima de esta última camada de amarillos. Puede polvorearle queso por encima. Hornee por 15 minutos o hasta que el huevo cuaje en el molde.

Sirva inmediatamente. Es una comida completa.

Piñón de Plátanos Maduros

Planta del Plátano

Piononos

(4 piononos)

Ingredientes:

- 5 plátanos maduros
- 2 huevos medianos batidos
- 1/2 lb de carne molida cocida
- 2 cdas de polvo de galleta
- sal a gusto
- 1/8 cdta adobo en polvo
- aceite para freír
- 1 cajita de palillos de dientes

Procedimiento:

1. Monde los plátanos. Córtelos a lo largo en 4 tajadas cada uno.

2. Fríalos en aceite a fuego moderado. Póngalos sobre papel absorbente.

3. Cuando termine de freírlos, enrolle las tajadas en forma redonda y pínchelas con un palillo de diente, reservando unas cuantas tajadas para tapar los extremos.

4. En un platillo hondo bata los huevos con el adobo en polvo y sal (si fuera necesario) y el polvo de galleta.

5. Tape uno de los extremos de cada tajada enrollada con uno o dos pedazos de plátanos de los que reservó. Rellene con la carne.

6. Pásele la mezcla de huevo y galleta por encima y fría hasta que doren en una sartén con aceite caliente.

Sírvalos calientes.

Notas:

1. *Aquí tiene un plato completo: carbohidratos y proteínas. Estos pueden utilizarse como aperitivos.*

2. *Si no desea freír los plátanos, puede asarlos en el horno.*

3. *La cantidad de piononos varía según las rebanadas de plátanos que logre obtener.*

Pastelón de plátanos maduros

(4 a 6 raciones)

Ingredientes:

- 5 plátanos bien maduros
- 2 cdas de mantequilla
- 1 1/2 lb de carne molida (cocida)
- agua para hervir los plátanos

Procedimiento:

1. Prepare la carne (vea receta en la pág. 127) y deje aparte.

2. Encienda el horno a 350 grados. Engrase con mantequilla un molde rectangular (12 x 9 x 2) y deje aparte.

3. Mientras la carne se cocina, monde los plátanos, córtelos en pedazos y hiérvalos en una olla con agua, durante 10 minutos o hasta que estén lo suficientemente blandos para majarse. Escúrralos.

4. Usando un tenedor (o majador de papas), maje los plátanos calientes con la mantequilla. Divida esta mezcla en dos porciones iguales.

5. Coloque una porción en el fondo del molde, cubriendo los lados.

6. Añada la carne y coloque la otra porción de plátanos encima de la carne.

7. Hornee durante 15 a 20 minutos, hasta que se dore levemente. Sáquelo del horno y deje que se refresque por cinco minutos.

Sírvalo solo o acompañado con una ensalada.

Pastelón de papas

(6 a 8 raciones)

Ingredientes:

- 3 lbs de papas
- 3 huevos
- ½ cdta de sal
- 3 dientes de ajo machacados
- 2 cdas de mantequilla
- 2 ½ cdas de harina de trigo
- 1 ½ lb de carne molida
- Agua para hervir las papas

Procedimiento:

1. Guise la carne. Vea receta en página 127.

2. Pele las papas, córtelas en cuatro pedazos cada una y lávelas. Cuézalas en agua con ajo y sal hasta que ablanden.

3. Encienda el horno a 400 grados.

4. Sáquelas del agua, escurra y maje.

5. Añada la mantequilla y bata bien.

6. Agregue la harina, los huevos batidos y bata nuevamente. Divida esta mezcla en dos porciones iguales.

7. Engrase un molde de cristal de 9 x 13 y ponga una porción de las papas en el molde.

8. Agregue la carne. Cubra con el resto de las papas y reduzca la temperatura del horno a 350 grados por 20 minutos.

9. Pásele mantequilla por encima de las papas con una brochita, cueza por cinco minutos hasta que dore.

Sirva caliente con una ensalada.

Nota: Puede mezclar la carne con otros vegetales antes de añadirla a la papa.

Cabrito estofado

(6 a 8 raciones)

Ingredientes:

- 3 a 4 lb de carne de cabro
- 3 naranjas agrias ó 3 limones
- ½ taza aceite de oliva
- 2 oz jamón de cocinar
- 1 cebolla en rebanadas
- 1 pimiento verde en rebanadas
- 1 tomate grande en cubos
- 6 dientes de ajo
- 5 granos de pimienta
- 6 hojas de cilantrillo
- 2 hojas de laurel
- 12 aceitunas rellenas
- 1 cda de alcaparras picaditas
- ¼ cdta de orégano en polvo
- 1 taza de salsa de tomate
- 1 sobre de sazón con achiote
- 1 taza de vino tinto
- 5 papas medianas partidas en cuatro
- 2 cdtas de sal o a gusto

Procedimiento:

1. Lave y limpie de pellejos la carne y córtela en pedazos.

2. Póngalos en un recipiente hondo y riéguele por encima el jugo de naranja o limón. Manténgalos en el jugo por una hora, moviendo ocasionalmente. Escúrralos. Enjuáguelos, escurrálos nuevamente y sálelos. Añádale el sobre de sazón. Deje a un lado por unos 5 minutos.

2. Luego colóquelos en un caldero grande con el resto de los ingredientes, excepto el vino y las papas. Mueva, tape y cocine a fuego medianamente alto hasta que hierva.

3. Luego reduzca el fuego, mueva y cueza por una hora. Agregue el vino y las papas y cocine hasta que las papas estén blandas.

Sirva caliente con una ensalada verde. Tradicionalmente se sirve con arroz blanco.

Carne de res guisada

(6 a 8 raciones)

Ingredientes:

- 2 lbs carne de res
- 1 cubito de pollo
- 1 cdta adobo en polvo
- 1 cebolla pequeña, picadita
- 2 cdas aceite de oliva
- 1 cda alcaparras pequeñitas
- 2 hojas laurel
- 1 cda aceitunas rellenas
- 1 cdta orégano
- 1 taza salsa de tomate
- 1 sobre sazón con achiote
- 1 lata (12 oz.) de cerveza c/alcohol
- 4 dientes de ajo machacados
- ½ taza de vino tinto
- 4 hojas cilantro, picaditas
- 1 taza de agua
- 2 hojas recao, picaditas
- 4 papas partidas en pedazos
- 1 cda sofrito molido
- sal y pimienta a gusto

Procedimiento:

1. Limpie la grasa de la carne. Lave, corte en pedazos pequeños y usando papel absorbente, séquela.

2. Condimente con el adobo en polvo. Deje a un lado de 45 a 60 minutos.

3. Caliente el aceite a fuego moderado en el caldero donde va a preparar la carne. Una vez caliente, añada la carne hasta que se dore.

4. Agréguele el resto de los ingredientes, excepto la cerveza, el agua y las papas. Sofría, moviendo frecuentemente por unos tres minutos.

5. Agregue la cerveza y mueva. Deje cocinar unos dos minutos. Añada el agua.

6. Lave las papas y échelas a la carne. Póngalas a cocinar a fuego lento, tape, y pruebe de sal y pimienta.

7. Mueva de vez en cuando. Cocine hasta que la carne y las papas estén blandas y la salsa espese. (Si la salsa espesa demasiado, añádale un poco de agua.)

Sírvala caliente sobre arroz blanco o amarillo y ensalada.

Nota:

1. **Ya la carne tiene papas (carbohidratos), por lo que se puede servir sola.**

2. **Si le sobra bastante salsa de la carne, úsela para preparar arroz.**

Carne guisada (vea receta en página anterior)

Carne mechada (vea receta en página siguiente)

Carne mechada

(6 a 8 raciones)

Ingredientes:

- 1 posta de 3-4 lbs (corte de carne de vaca o de cerdo sin hueso y sin grasa)
- 1 cdta orégano
- ¼ lb de jamón de cocinar
- 4 dientes de ajo
- ¼ lb de tocino
- sal y pimienta a gusto
- 2 ó 3 hojas de laurel
- 1 cda adobo en polvo
- 4 ó 5 clavos de especia
- 1 pote salsa de tomate
- 1 pote pequeño de aceitunas rellenas
- ¼ taza aceite de oliva
- 4 papas grandes partidas en tercios
- 3 tazas de agua
- 1/2 taza de vino tinto

Procedimiento:

1. El día antes lave la carne, seque y saque cualquier pedazo de grasa y hágale incisiones de una pulgada con un cuchillo.

2. Muela orégano, ajo, pimienta, sal y adobo, hasta formar una pasta. Dejar a un lado.

3. Cortar el tocino, el jamón y las aceitunas en cubitos bien pequeños. Unir la pasta de orégano, ajo y adobo con estos cubitos y mezclar bien.

4. Usando sus dedos, ponga esta mezcla en las incisiones de la carne. Cubra y guarde en la nevera.

5. Al otro día, eche aceite en un caldero y sofría la carne por ambos lados.

6. Una vez sofrita, añada las hojas de laurel, salsa de tomate, clavos de especia, pimiento cortado en pedazos pequeños, vino y cocínelo todo junto a fuego lento.

7. A la media hora de estar cocinándose, pruebe que la carne esté bastante blanda, añádale las papas.

8. Cuando la carne esté casi cocida, sacarla del caldero y cortarla en rebanadas. Vuelva a echar la carne en el caldero.

9. Agregue el agua hasta cubrir la carne completa. Mueva de vez en cuando para que no se pegue. Pruebe de sal y pimienta y tápela. Cueza hasta que la carne y las papas estén cocidas.

Sírvala caliente con vegetales y ensalada.

Notas:
Si le sobra carne, se puede usar para hacer emparedados.

Carne molida guisada

(6 a 8 raciones)

Ingredientes:

- 1 lb de carne de res, molida
- 2 cdas de aceite de oliva
- ½ lb de carne de cerdo molida
- 2 cdas de sofrito
- ½ taza de salsa de tomate
- 2 dientes de ajo machacado
- 1 cda de alcaparras picaditas
- 1 cdta de orégano en polvo
- 6 a 8 aceitunas rellenas picaditas
- 1 cdta de adobo en polvo
- 2 oz de jamón de cocinar picadito
- 3 a 4 hojas de cilantro fresco, picadito
- ¼ taza de vino tinto para cocinar
- sal y pimienta a gusto
- 1/2 taza de agua o
- 1 lata (12 oz) de cerveza con alcohol

Procedimiento:

1. En un caldero caliente el aceite, añada el jamón y sofría por unos minutos.

2. Añada el sofrito, ajo, cilantro, orégano, alcaparras, aceitunas, adobo. Mezcle bien.

3. Agregue la carne, la salsa de tomate, el vino y una cucharadita del agua de las aceitunas y alcaparras.

4. Añada la cerveza o el agua. Mezcle bien, tape y cueza durante 15 minutos. Mueva de vez en cuando. Pruebe de sal y pimienta.

Sírvala con papas majadas, arroz blanco o amarillo o mofongo.

Nota: Si usa esta carne para rellenar, no debe tener mucha salsa. Si la usa para acompañar arroz blanco, entonces le puede añadir un poquito de agua para formar la salsa.

Chuletas de cerdo a la jardinera

(4 raciones)

Ingredientes:

- 4 chuletas de cerdo
- 1 cdta de aceite de oliva
- 1 cdta de vinagre balsámico
- 1 cdta de adobo en polvo
- ½ cdta de orégano
- 2 dientes de ajo, machacado
- 1 tomate mediano, en cubitos
- 1 cebolla mediana, picadita
- ½ taza de salsa de tomate
- 1 cda de alcaparras (con el líquido)
- 1 lata (15.5 oz) de habichuelas tiernas
- 1 lata (14.5 oz) de maíz entero (en grano)
- sal y pimienta a gusto

Procedimiento:

1. Saque la grasa a las chuletas. Lávelas y séquelas.

2. Mezcle el aceite, vinagre, adobo, ajo, orégano, ajo, sal y pimienta. Adobe las chuletas con esta mezcla y deje a un lado por unos 15 minutos. (Si las adoba el día antes, saben mejor.)

3. En un caldero ponga a calentar una cucharada de aceite. Añada las chuletas y dore por ambos lados.

4. Agregue los demás ingredientes, excepto las habichuelas tiernas y el maíz, tape y cueza a fuego bajo por unos 30 minutos.

5. Añada las habichuelas y el maíz. Mueva y cocine por unos 5 minuos más.

6. Una vez cocidas, retire las chuletas de la salsa. Vierta la salsa con los vegetales en un platón. Acomode encima las chuletas.

Sirva caliente con tostones o papas majadas.

Nota: Las chuletas de cerdo pueden sustituirse por cualquier otra clase de chuletas.

Costillas asadas al horno

(4 raciones)

Ingredientes:

- 3 lb costillas (de cerdo o res)
- 1 ½ taza de agua
- ¼ taza de aceite de oliva
- 1 cda de vinagre-vino tinto
- 1 cda adobo en polvo
- 6 dientes de ajo (machacados)
- ½ cdta de orégano
- 2 hojas de cilantro
- 1 taza salsa de barbacoa
- sal y pimienta a gusto
- salsa picante (opcional)

Materiales:

- papel-toalla para secar las costillas
- papel de aluminio
- brocha para cocinar

Procedimiento:

1. Lave la carne y seque con papel secante. Deje aparte.

2. Prepare una pasta con aceite, vinagre, adobo, mitad del ajo, orégano y pimienta.

3. Condimente las costillas con esta pasta el día anterior.

4. El día que va a preparar la carne, y usando una olla donde las costillas quepan en forma llana, añada el agua con el cilantro, el resto del ajo y una pizca de sal y ponga a hervir las costillas por unos 10 minutos. Encienda el horno a 375 grados entretanto.

5. Pasados los 10 minutos, saque la carne, escurra y coloque en un molde llano.

6. Usando una brocha de cocina o una cuchara, eche la salsa de barbacoa por encima de las costillas y hornee por 15 minutos sin cambiar de posición. Cubra con papel de aluminio.

7. Pasados los 15 minutos voltee las costillas de posición, y échele salsa por encima usando la brocha. Hornee nuevamente por 15 minutos más, cubriendo el molde.

Sirva solas, con arroz con gandules, o con una ensalada.

Notas:
1. *Este es el mismo procedimiento que se usa para prepararlas a la brasa o al carbón, excepto que no se cubren con papel de aluminio.*

2. *El hervir las costillas antes de hornearlas o ponerlas al carbón es para prevenir o eliminar cualquier bacteria que pueda tener la carne.*

3. *Las raciones dependerán de la porción que se sirva cada persona.*

Carne molida con habichuelas coloradas

(8 a 10 raciones)

Ingredientes:

- 1 lb de carne molida
- 2 cdtas de chile en polvo
- 2 oz de jamón de cocinar
- 1 cdta de adobo en polvo
- 1 cda de aceite de oliva
- 1 cda de aceitunas rellenas (con pimiento)
- 3 cdas de sofrito
- 1 cdta de alcaparrado
- ½ cdta de orégano seco
- 1 hoja de laurel
- 3 ó 4 hojas de cilantro-culantro
- ¼ taza de vino tinto
- 2 dientes de ajo machacado
- 1 taza de caldo de pollo
- 1 cebolla pequeña picadita
- sal y pimienta a gusto
- ½ taza de salsa de tomate
- 1 lb de habichuelas coloradas cocidas
- 1 taza de agua
- salsa picante (opcional)

Procedimiento:

1. En un caldero sofría el jamón en el aceite de oliva.
2. Añada el sofrito, orégano, cilantro, culantro, ajo, cebolla. Mezcle bien y cueza por unos segundos.
3. Añada la carne y sofríala en la mezcla anterior por unos tres o cuatro minutos.
4. Agregue el vino, salsa de tomate y los demás ingredientes. Mezcle y cueza por unos cinco minutos. Agregue el agua.
5. Añada las habichuelas. Pruebe y cueza por unos 20 minutos más. Si le gusta el pique, añádale una cucharadita.

Sirva caliente sobre arroz blanco.

Nota:
1. *Si desea un poco más de salsa, agregue otra taza de agua.*
2. *Para variar, se le puede añadir una taza y media de maíz en grano.*

Arroz blanco básico

(4-6 raciones)

Ingredientes:

- 2 cdas aceite de oliva o mantequilla
- 3 tazas de agua
- 1 1/2 cdta.sal
- 2 taza de arroz

Procedimiento:

1. En un caldero pequeño, ponga a hervir a fuego moderado el agua con la sal y el aceite. Mientras el agua hierve, escoja el arroz de granitos o piedritas.

2. Hervida el agua, eche el arroz, mueva y pruebe de sal. Deje destapado hasta que se evapore el agua.

3. Mueva con un tenedor, tape y bájele el fuego. Cueza por 20 a 25 minutos. Destape, mueva y procure que los granos están cocidos.

Acompañe con habichuelas, ensalada y cualquier otro plato con salsa o a su gusto.

Arroz amarillo básico

(4-6 raciones)

Ingredientes:

- 3 tazas de agua
- 2 taza de arroz
- 2 cdas aceite de oliva con achiote
- 1 ½ cdta sal

Procedimiento:

1. En un caldero pequeño, ponga a hervir a fuego moderado el agua con la sal y el aceite. Mientras el agua hierve, escoja el arroz de granitos o piedritas.

2. Hervida el agua, eche el arroz, mueva y pruebe de sal. Deje destapado hasta que se evapore el agua.

3. Mueva con un tenedor, tape y bájele el fuego. Cueza por 20 a 25 minutos. Destape, mueva y procure que los granos están cocidos.

Sirva como acompañamiento a gusto.

Notas:

1. *Este arroz también se puede preparar usando un sofrito con salsa de tomate y una cucharada de aceite de oliva con achiote. El arroz se sofríe y luego se le añade el agua.*

2. *Si no desea usar el aceite con achiote, use el sobre (1.41 oz.) de sazón con azafrán o achiote.*

132

Arroz blanco con tocino

(6 raciones)

Ingredientes:

- 2 tazas de arroz
- ½ lb de tocino
- 3 tazas de agua
- sal a gusto
- 1 cdta de aceite de oliva

Procedimiento:

1. Lave bien el tocino, séquelo con papel absorbente. Córtelo en pedacitos/cuadritos y póngalo a sofreír, a fuego mediano, en el caldero donde va a preparar el arroz, moviendo frecuentemente para que no se queme ni se pegue.

2. Mientras tanto ponga a hervir el agua con sal en una cacerola aparte.

3. Eche el arroz en el caldero donde se cocinó el tocino y dore un poco. Agregue el agua caliente con sal. Mueva y pruebe de sal.

4. Añada el aceite y mueva nuevamente. Deje cocinar a fuego mediano, sin tapar, hasta que seque. Una vez seco, baje el fuego a lento, mueva y tape. Cueza durante 20 a 25 minutos o hasta que ablande bien el grano.

Sírvalo caliente con habichuelas, con carne o para acompañar alguna ensalada.

Arroz con gandules

(8 raciones)

Ingredientes:

- 1 lb de gandules verdes frescos
- 4 hojas cilantro picadita
- 5 tazas de agua para ablandar los gandules
- 1/2 taza sofrito/recaíto
- 4 cdas de aceite con achiote
- 4 tazas de arroz
- 2 oz jamón de cocinar picadito
- 1 cdta alcaparras pequeñas
- 2 oz de tocino
- 1 cda aceitunas rellenas
- ½ taza de salsa de tomate
- 1 cubito de pollo
- 1 cdta orégano
- 3 dientes ajo, triturado
- sal y pimienta a gusto

Procedimiento:

1. Escoja los gandules. Luego enjuáguelos y cuézalos en 4 tazas de agua con una cucharada de sofrito/recaíto y un grano de ajo hasta que ablanden, sin desbaratarse, de 30 a 45 minutos. (Omitir este paso si usa gandules en lata.)

2. Escoja el arroz y lave si es necesario. Deje a un lado.

3. En un caldero grande, caliente el aceite con achiote a fuego moderado y sofría el jamón y el tocino, moviendo frecuentemente. Añada la salsa de tomate, cilantro, el resto del sofrito/recaíto, alcaparras, aceitunas, y cubito de pollo. Sofría por 2 minutos. Agregue los gandules escurridos. Suba el fuego a medianamente alto y sofría por 2 minutos.

4. Mida 4 ½ tazas de agua, incluya el agua donde ablandó los gandules, y añádala al caldero. Deje hervir. Pruebe de sal y pimienta.

5. Añada el arroz. Mueva y cocine destapado a fuego moderado, hasta que seque. Muévalo, tape y cueza a fuego bajo por 15 minutos hasta que esté blando. (Si consideras que el arroz no está totalmente cocido, agregue un poquito del agua donde ablandó los gandules- si queda alguna, tape y deje que se cocine por unos minutos más.)

El arroz con gandules sabe bien caliente o a la temperatura ambiente.

Nota: Si son gandules enlatatados, use caldo de pollo para cocinar el arroz.

Arroz con Gandules

Arroz Con Gandules Y Carne De Cerdo

Arroz con gandules y carne de cerdo

(8 raciones)

Ingredientes:

- 1 lb de gandules verdes frescos
- agua para ablandar los gandules
- 4 dientes de ajo machacados
- 2 lb de carne de cerdo
- 3 cdas de sofrito
- 1 cdta. de adobo con sazón
- 2 oz de jamón de cocinar picadito
- 2 oz de tocino
- 4 cdas de aceite con achiote
- ½ taza de salsa de tomate
- 4 hojas de cilantro picadito
- ½ cdta de orégano
- sal y pimienta a gusto
- 4 tazas de arroz

Procedimiento:

1. Escoja y lave los gandules. Hiérvalos con parte del ajo hasta que se ablanden sin desbaratarse, aproximadamente 30 minutos. (Reserve el agua.)

2. Lave y corte la carne en pedazos pequeños. Adobe con adobo en polvo y parte del ajo. Deje a un lado por unos 30 minutos.

3. En un caldero grande, sofría el jamón y tocino en el aceite con achiote por unos cinco minutos y añada la salsa de tomate, sofrito, cilantro, orégano y pimienta. Añada la carne y sofría por unos minutos. Agregue dos tazas de agua y cueza a fuego bajo por unos 15 minutos aproximadamente.

4. Añada los gandules escurridos. Suba el fuego a medianamente alto. Al hervir, añada el arroz, y dos tazas del agua en que ablandó los gandules. Pruebe de sal. Ponga a fuego lento o moderado y cueza destapado hasta que seque.

5. Muévalo, tape y cueza a fuego bajo por 10 minutos.

6. Cambie el arroz de posición. Cueza hasta que el arroz y la carne estén cocidos.

Sirva caliente con aguacate o su ensalada favorita.

Nota: En caso que se desee en cantidades menores, reducir los cantidades relativamente.

Arroz con bacalao

(6 raciones)

Ingredientes:

- 1/2 lb bacalao
- agua para remojar bacalao
- 3 cdas aceite oliva con achiote
- 2 oz tocino
- 4 oz jamón para cocinar
- 1/2 taza sofrito (condimento molido)
- 2 dientes ajo machacado
- 1/2 taza salsa tomate
- 10 aceitunas rellenas con pimientos morrones
- 1 cda alcaparras picaditas
- 3 tazas arroz
- 4 tazas agua para el arroz
- 1 pimiento morrón en tiritas
- Sal y pimienta a gusto

Procedimiento:

1. Corte el bacalao en varios pedazos y remójelos por una hora.

2. Limpie de espinas, pellejo, y desmenuce.

3. En un caldero grande de 4 1/2 litros de capacidad, caliente el aceite a fuego moderado, agregando el tocino y jamón moviendo de vez en cuando hasta que estén dorados.

4. Añada el sofrito, ajo, salsa de tomate, aceitunas, alcaparras, y el bacalao y sofría por tres minutos

5. Agregue el agua y cueza a fuego bajo por 5 minutos hasta que hierva.

6. Añada el arroz y cocine a fuego alto. Mueva y pruebe de sal.

7. Al hervir reduzca el fuego a moderado, cocine destapado hasta que seque.

8. Una vez seco, baje el fuego, tape y cueza por 15 minutos más. Mueva y tape.

9. Cuando el arroz esté totalmente cocido, apague y adorne con las tiritas de pimiento morrón.

Sírvalo con habichuelas coloradas y su ensalada favorita.

Nota: Si el bacalao resulta muy salado, no le añada sal al arroz.

Arroz con pollo

(8 raciones)

Ingredientes:

- 1 pollo de 3 lb
- 3 cdtas de adobo en polvo
- 2 cdas de aceite de oliva con achiote
- 2 cdas de sofrito
- 6 dientes de ajo machacados
- 1 pimiento verde picadito
- ½ taza de salsa de tomate
- 4 ramitas de cilantrillo picadito
- 1 cebolla pequeña cortada en pedacitos
- 6 a 8 aceitunas
- 1 cda alcaparras picaditas
- 4-1/4 tazas de agua
- pimienta y sal a gusto
- 3 tazas de arroz
- 1 latita de pimientos morrones picaditos en tirillas
- ½ taza de guisantes cocidos (opcional)

Procedimiento:

1. Lave el pollo, quítele el pellejo y pártalo en pedazos.

2. Use dos cucharadas de adobo en polvo para condimentarlo. (Si lo condimenta el día antes, tendrá mejor sabor.)

3. Ponga aceite con achiote en un caldero y añada sofrito, ajo, adobo, pimiento, salsa de tomate, cilantrillo, cebolla, aceitunas, y alcaparras. Sofría por tres minutos.

4. Añada los pedazos de pollo y sofría por unos minutos. Voltee para que no se peguen del caldero.

5. Agregue agua y deje hervir por 15 minutos o hasta que la carne ablande un poco, volteando de vez en cuando. Pruebe de sal y pimienta.

6. Añádale el arroz, mueva y deje cocinar hasta que hierva. Una vez se desgaste el agua, tápelo y baje el fuego.

7. Una vez cocido, se colocan las tirillas del pimiento morrón por encima. También se le puede añadir guisantes por encima.

Sírvalo caliente con habichuelas coloradas y una ensalada verde.

Arroz con vegetales

(4 raciones)

Ingredientes:

- 2 tazas de arroz blanco cocido
- 3 huevos revueltos
- 1 cebolla pequeña picadita
- 1 zanahoria cortada en cubitos pequeños
- 1 cebollín cortado en rueditas pequeñas
- 3 aceitunas picaditas
- 2 dientes de ajo machacados
- ½ de una espiga de apio americano cortada en cubitos
- 3 ramitas de cilantro, picaditas
- 1 pimiento verde partido en cubitos
- 1 cdta de sofrito
- 1 cda de aceite de oliva
- 1 pimiento morrón partido en cubitos

Procedimiento:

1. En una olla combine el aceite, sofrito, y todos los demás ingredientes, excepto el arroz y los huevos.

2. Cocine por dos o tres minutos a fuego lento, moviendo constantemente para que no se queme, ni se pegue a la olla.

3. Añada el arroz y los huevos y mezcle bien.

Sirva caliente.

Nota: Este plato se puede servir en el desayuno o para la cena. Para el desayuno le puede añadir salchichas cocidas. Para la cena le puede añadir cualquier otra carne como pollo, carne de cerdo o de ternera ya cocida y eliminar los huevos.

Cocido de garbanzos con patitas de cerdo

(6 a 8 raciones)

Ingredientes:

- 1 lb garbanzos
- 4 tazas de agua para ablandar los garbanzos
- 2 lbs patas de cerdo
- 1 cdta adobo en polvo
- 1 cda sofrito
- 1 cubito pollo
- ½ taza salsa de tomate
- 2 cdtas de aceite de oliva
- ½ lb jamón de cocinar
- 3 dientes de ajo machacados
- 3 ó 4 hojas cilantrillo picadito
- 1 lb papas cortadas en cuatro pedazos
- ½ lb repollo
- sal y pimienta a gusto

Procedimiento:

1. El día antes remoje los garbanzos en agua. (Omita este paso si usa garbanzos enlatados.)

2. Si las patitas son saladas, desálelas en agua. (Para desalarlas, hiérvalas por 10 minutos hasta que les deje el nivel de sal que desea. Puede hacer esto el día anterior.)

3. En un caldero grande, eche agua fresca, tape y ponga las patitas a hervir por unos 45 minutos. Destape y remueva la grasa de la superficie.

4. Escurra los garbanzos, y añádalos a las patitas junto con el adobo, sofrito, cubito de pollo, salsa de tomate, aceite de oliva, jamón, ajo y cilantrillo.

5. Agregue las papas y cueza a fuego mediano hasta que hiervan.

6. Agregue el repollo, y deje que hiervan hasta que los garbanzos y las patitas ablanden. Pruebe de sal y pimienta. (Retire cualquier huesito suelto.)

Sirva con arroz blanco.

Guiso de panapén con habichuelas blancas

(6 a 8 raciones)

Ingredientes:

- ½ pana
- 1 lb de habichuelas blancas
- 3 tazas de agua para ablandar habichuelas
- ½ taza de salsa de tomate
- 3 dientes de ajo machacados
- 3 cdas de sofrito molido
- ½ lb de jamón de cocinar picadito
- 4 ó 5 hojas de cilantro picadito
- 1 cdta de adobo
- 1 cdta de aceite de oliva
- sal y pimienta a gusto

Procedimiento:

1. Escoja, lave las habichuelas y ponga a hervir por 20 minutos.

2. Agrégueles la salsa de tomate, ajo, sofrito, jamón, cilantro, adobo y aceite.

3. Mientras hierven, pele la mitad de una pana, lave y córtela en cuadritos pequeñitos de media pulgada.

4. Agregue a las habichuelas. Deje que se cueza hasta que la pana y las habichuelas estén blandas. Pruebe de sal y pimienta.

Sirva caliente. Acompañe con arroz blanco y ensalada.

Habichuelas blancas con calabaza

(6 a 8 raciones)

Ingredientes:

- 1 lb de habichuelas blancas
- ½ cebolla pequeña, picadita
- 3 tazas de agua para ablandar las habichuelas
- 3 cdas sofrito molido
- ½ lb de calabaza
- 4 ó 5 hojas cilantro picadito
- ½ taza de salsa de tomate
- 1 cdta de adobo
- 3 dientes de ajo machacados
- 1 cda aceite de oliva
- ½ lb de jamón de cocinar picadito
- sal y pimienta a gusto
- ½ cubito de pollo
- Pique (opcional)

Procedimiento:

1. Escoja y lave las habichuelas. Póngalas en un caldero con el adobo en polvo, y ponga a hervir por 30 minutos hasta que estén blandas, sin que se desbaraten. (Si usa habichuelas enlatadas, póngalas a cocinar durante 10 minutos.)

2. Mientras hierven, pele y corte la calabaza en trozos de una pulgada. Lávelos y deje aparte.

3. Una vez las habichuelas están semiblandas, añada la calabaza y todos los demás ingredientes y deje cocinar hasta que la calabaza esté cocida. El caldo de las habichuelas debe quedar espeso. Pruebe de sal y pimienta. Si le gusta el pique, añádale unas gotitas. (Si usa habichuelas enlatadas, tan pronto hierva, échele los pedacitos de calabaza y cocine hasta que la calabaza esté cocida.)

Sírvalas calientes con arroz blanco y ensalada verde.

Pernil
(8 a 10 raciones)

Ingredientes:

- 1 pernil de 8-10 lbs
- una cabeza de ajo
- 10 granos de pimienta
- 2 sobres de sazón con achiote
- 1 sobre de caldo de pollo en polvo
- 4 cdtas de sal (o a gusto)
- 3 cdas de aceite de oliva
- 1 cda de orégano en polvo
- 1 cda de vinagre

Procedimiento:

Un día antes:

1. Lave la carne y seque con papel absorbente.

2. Haga incisiones o agujere la carne con un cuchillo y deje a un lado.

3. Prepare el condimento. En un pilón muela la pimienta, ajo, orégano hasta formar una pasta. Ponga en un platillo hondo, agréguele el aceite, sazón y vinagre. Mezcle bien.

3. Usando sus dedos, frote esta pasta por toda la carne y dentro de las incisiones. Cubra con papel de aluminio y ponga en la nevera.

El día que va a hornear el pernil:

1. Prenda el horno a 350 grados y deje que se caliente por unos 5 a 10 minutos.

2. Mientras tanto, en un caldero grande, sofría un poco la carne a fuego alto.

3. Sáquelo y colóquelo en un molde bastante grande, con la grasa hacia arriba. La grasa quedará tostadita. Cubra con papel de aluminio.

4. Hornee por tres horas sin mover. Cambie de posición y hornee por una y media hora más.

5. Una vez cocido, retírelo del horno y déjelo reposar por 30 minutos más. Córtelo en pedazos.

Sírvalo con arroz con gandules, arroz blanco o con guineos verdes.

Notas:

1. **Para que la carne quede tierna y jugosa, ponga un envase con agua dentro del horno, mientras se cocina el pernil. Para tostar el cuerito, retire el envase con agua del horno y deje que se siga cocinando.**

2. **El pernil sabe mejor si se condimenta por lo menos uno o dos días antes. Mántengalo cubierto y refrigerado.**

3. **El pernil de cerdo generalmente tarda en cocinarse alrededor de 35 minutos por cada libra que pesa.**

4. **El pernil sobrante sirve para hacer emparedados sabrosos.**

Pernil

Lechón asado en la vara en Guavate, Puerto Rico

Pollo asado con jengibre

(6 raciones)

Ingredientes:

- 6 pechugas de pollo deshuesadas
- 4 cdas de vino jerez seco
- ½ taza de salsa soya
- 2 cdas azúcar negra (opcional)
- 1 cda de jengibre

Procedimiento:

1. Remueva los huesos y despelleje al pollo.

2. Lávelo bien y condimente con adobo y jengibre a gusto el día antes. Póngalo en la nevera.

3. Mezcle el vino, azúcar y salsa soya. Ponga el pollo en esa salsa a marinarse durante media hora.

4. Hornee al carbón, a la parrilla o al horno a 350º hasta cocinarse, aproximadamente 20 minutos.

Acompáñelo con ensalada y papas majadas.

Pechugas de pollo en salsa de naranja

(4 raciones)

Ingredientes:

- 4 pechugas
- mantequilla para sofreír
- ½ taza de jugo de naranja / china
- cáscaras de una naranja
- ½ taza de licor de naranja
- ½ cdta de albahaca en polvo
- adobo en polvo al gusto
- 1 cdta de azúcar (opcional)
- rebanadas o gajos de china
- 1 taza de harina de trigo
- 2 dientes de ajo (machacado)
- 5 a 6 rebanadas de una naranja / china para adornarlo.

Procedimiento:

1. Despelleje, lave y condimente con adobo, ajo y albahaca las pechugas. Marinee en licor y jugo de naranja o china por 30 minutos.

2. Sofríalas en mantequilla con la cáscara de chinas/naranjas, albahaca, jugo de china, azúcar, licor de naranja. (Si desea las puede pasar por harina de trigo.)

3. Colóquelas en un molde para hornear. Hornee a 350 grados por 30 minutos o hasta que estén cocidas.

4. Cuando estén listas para servirse, adórnelas con rebanadas o gajos de la china/naranja a la que le sacó la cáscara.

Sírvalas calientes con arroz, con ensalada, tostones, o papas majadas.

Pasta (espaguetis) con pollo
(6 a 8 raciones)

Ingredientes:

- 6 a 8 pedazos de pollo
- 1 caja (16 oz) de espagueti (#8)
- 2 cdas de sofrito
- 1 taza de salsa de tomate para espagueti
- 3 dientes de ajo machacados
- 1 cebolla pequeña
- 4 ó 5 ramitas de cilantrillo
- 6 a 8 aceitunas
- 1 pimiento verde picadito
- queso parmesano en polvo
- 2 cdtas de adobo en polvo
- 2 cda de aceite de oliva
- agua

Procedimiento:

1. Lave, limpie y despelleje el pollo.

2. Pártalo en trozos pequeños. Condimente el pollo con el adobo por lo menos una hora antes de empezar a cocinar.

3. Eche parte del aceite en el caldero donde va a cocinar el pollo, y lo sofríe hasta que esté un poco dorado por ambos lados.

4. Luego añádale todos los ingredientes, incluyendo el agua, exceptuando la pasta (espagueti). Cocine a fuego lento hasta que ablande. Deje aparte.

5. En otra olla aparte, ponga a hervir suficiente agua con ½ cucharadita de sal, cucharadita de aceite y un diente de ajo.

6. Una vez hierva, añádale los espaguetis, moviendo de vez en cuando, para que no se peguen de la olla.

7. Una vez cocida la pasta, escurra, y añada a la carne. Voltee, y cocine por unos minutos.

Sirva caliente y polvoree con queso parmesano.

Pasta fetuchini con pollo y queso mozarela

(6 raciones)

Ingredientes:

- 1 lb fetuchini (caja de 16 oz)
- 2 cdas ajo molido
- 12 oz queso mozarela rallado
- 1 barra (4 oz) margarina o mantequilla
- 1 ½ lb pechugas de pollo
- 2 sobrecitos de adobo
- ¾ cdta pimienta blanca
- 2 oz de queso parmesano

Procedimiento:

1. Pre-caliente el horno a 400 grados.

2. Corte el fetuchini en 4 pedazos cada uno.

3. Hiérvalo en un recipiente grande con alrededor de 6 tazas de agua, aproximadamente de 25 a 30 minutos, moviendo con frecuencia (hasta que estén blandos).

4. Corte el pollo en cubos de ¾ de pulgadas y añada los sobrecitos de adobo y fría en aceite de oliva hasta que doren ligeramente.

3. Escurra la pasta e inmediatamente añada la mantequilla o margarina. Mueva hasta que se derrita toda.

4. Añada el ajo y la pimienta y revuelva bien.

5. Mezcle el pollo cocido y revuelva.

6. Añada el queso mozarela y revuelva bien.

7. Viértalo en un molde sin engrasar y hornee a 400 grados durante 10 minutos. (Puede añadirle más queso mozarela y parmesano por encima antes de hornear.)

Sirva inmediatamente. Acompañe con pan con ajo y ensalada.

Pollo guisado con papas

(6 a 8 raciones)

Ingredientes:

- 1 pollo de 2 a 3 lbs
- 1 ½ lbs de papas
- 1 cubito de pollo
- 3 tazas de agua o una lata de cerveza con alcohol
- 1 taza de salsa de tomate
- ½ taza de vino tinto
- 2 cdas de aceite de oliva
- 1 sobre de sazón con achiote
- sal y pimienta a gusto
- 3 ó 4 hojas de cilantro
- 1 cdta de adobo en polvo
- 1 cdta de orégano
- 2 hojas de laurel
- 3 a 4 papas grandes partidas en pedazos
- 3 a 4 dientes de ajo machacados
- 1 cda de aceitunas rellenas
- 1 cda de alcaparras pequeñitas

Procedimiento:

1. Limpie la grasa y el pellejo del pollo.

2. Lave, corte en pedazos pequeños y usando papel absorbente, séquelos.

3. Condimente con el adobo en polvo. Deje tapado en el refrigerador unos 45 a 60 minutos.

4. Caliente el aceite a fuego moderado en el caldero donde va a cocinar el pollo. Una vez caliente, añada los pedazos de pollo y sofría hasta que se doren.

5. Agréguele el resto de los ingredientes, excepto el agua y las papas y sofría, moviendo frecuentemente por unos tres minutos.

6. Añada el agua o cerveza y deje que hierva por 20 minutos a fuego moderado.

7. Mientras hierve, pele las papas y córtelas en mitades. (Si son pequeñas, déjelas enteras.)

8. Lave las papas y añádalas a la carne. Póngalas a cocinar a fuego lento. Pruebe de sal y pimienta. Tape. Mueva de vez en cuando.

9. Cocine hasta que la carne y las papas estén blandas y la salsa espese. (Si la salsa espesa demasiado, añádale un poco de agua.)

Sírvalo con ensalada o sobre arroz.

Nota: Por lo general, servimos carnes en salsa sobre arroz o pasta. Si está muy consciente de los carbohidratos, sírvala sola por ser la papa carbohidrato.

Pollo en fricasé

(6 a 8 raciones)

Ingredientes:

- 1 pollo de 2 ½ a 3 ½ lb
- 4 a 5 papas pequeñas partidas por la mitad
- 1 cebolla mediana en ruedas
- 1 taza de salsa de tomate
- 1 cdta de adobo en polvo
- 1 ½ taza de agua
- 6 dientes de ajo
- 1 cda de vinagre
- 1 cdta de orégano
- 6 a 8 aceitunas rellenas c/pimientos morrones
- ½ taza de vino blanco
- 1 cda de alcaparras
- 2 cdas de sofrito
- 2 hojas de laurel
- ¼ taza de aceite de oliva
- ¼ lb de jamón de cocinar

Procedimiento:

1. Despelleje el pollo y córtelo en pedazos pequeños.

2. Lávelo y condimente con adobo en polvo. Déjelo en la nevera por lo menos una hora.

3. A la hora, caliente el aceite en un sartén y sofría los pedazos de pollo hasta que doren por ambos lados. Deje a un lado.

4. En la olla donde va a cocinar el pollo, sofría el jamón (el jamón por lo general tiene grasa por lo que no tiene que usar aceite nuevamente).

5. Añada todos los demás ingredientes, excepto el agua, el vino y las papas. Deje cocinar por unos tres minutos.

6. Añada el pollo y sofría levemente. Luego añada el agua, el vino y las papas. Tape y deje cocinar por 30 minutos. Deje de cocinar cuando el pollo y las papas estén cocidos.

Sírvalo caliente con arroz, solo, con ensalada o vegetales.

Habichuelas coloradas

(8 raciones)

Ingredientes:

- 1 lb habichuelas coloradas
- 4 tazas agua para ablandarlas
- 2 cdas sofrito
- 3 hojas de cilantrillo, picadita
- 1 cdta adobo en polvo
- 1 sobre sazón con achiote
- 2 dientes de ajo machacados
- 2 oz jamón de cocinar
- 2 oz tocino
- 1/2 taza salsa de tomate
- 2 cdas aceite de oliva
- sal y pimienta a gusto

Procedimiento:

1. Escoja las habichuelas, luego lave y ablande sin que se desbaraten, alrededor de 45 minutos. (Elimine este paso si usa habichuelas enlatadas.)

2. En un caldero mediano, sofría el tocino y el jamón por unos dos o tres minutos. Mueva de vez en cuando para evitar que se pegue a la olla.

3. Agregue el sofrito, cilantrillo, adobo, sazón, ajo, salsa, aceite y mueva. Cocine por unos tres minutos, moviendo a menudo.

4. Añada las habichuelas con parte del agua donde las ablandó. Pruebe de sal y pimienta y cocine a fuego lento hasta que espesen. (Antes de servirlas, descarte el tocino. Si le gustan con mucho caldo, añádale más agua de la misma donde las ablandó. Si son enlatadas, añada solamente una taza de agua.)

Sírvalas caliente sobre arroz blanco o amarillo, arroz con pollo o arroz con bacalao.

Habichuelas coloradas

Habichuelas negras guisadas

(6 raciones)

Ingredientes:

- 1 lb de habichuelas negras
- 3 dientes de ajo machacados
- 2 cdas de sofrito
- 3 oz de tocino
- ½ taza de salsa de tomate
- 2 cdtas de aceite de oliva
- 5 ramitas de cilantro fresco
- pimienta y sal a gusto
- 1 cdta de adobo en polvo
- 2 oz de jamón de cocinar
- 1 ó 2 chorizos cortados en rueditas (opcional)
- 1 papa pequeña (opcional)
- 3 tazas de agua

Procedimiento:

1. El día antes escoja y lave las habichuelas. Déjelas en agua hasta que las vaya a ablandar. (Descarte el agua cuando las vaya a cocinar.)

2. En una olla para guisar, échele el agua, una cucharada del sofrito, media cucharadita del adobo en polvo, las habichuelas y póngalas a hervir a fuego lento hasta que ablanden, moviendo de vez en cuando para evitar que se peguen a la olla.

3. Mientras tanto, sofría el tocino, chorizo y el jamón por dos minutos.

4. Agregue la salsa de tomate, sofrito, ajo, cilantro fresco y mueva.

5. Añada las habichuelas. Pruebe de sal y pimienta y cocine hasta que espesen. Antes de servirlas, sáquele el tocino.

Sírvalas sobre arroz blanco o amarillo.

Nota:

a. Si la salsa no espesa, añádale una papa partida en cubitos y cueza hasta que la papa ablande.

b. Si usa habichuelas enlatadas, solamente use una taza de agua.

Gandules guisados con bollitos

(6 a 8 raciones)

Ingredientes:

- 1 lb de gandules verdes
- 4 guineos verdes
- 3 cdas de sofrito
- sal a gusto
- 1 cda de aceite de oliva
- ½ cdta de orégano
- ½ taza de salsa de tomate
- 2 sobrecitos de adobo en polvo
- 2 dientes de ajo machacado
- ¼ lb de jamón de cocinar en cubitos
- 3 ó 4 hojas de cilantro fresco picaditas

Procedimiento:

1. Si usa gandules frescos, hiérvalos en 4 tazas de agua con un sobre de adobo, ajo, cilantro picadito y una cucharada del sofrito hasta que ablanden, sin desbaratarse. Deje aparte.

2. En el caldero donde va a guisar los gandules, ponga a sofreír el jamón por unos segundos.

3. Añádale otra cucharada del sofrito, aceite de oliva, la otra mitad del ajo machacado, orégano y salsa de tomate. Cocine por unos segundos.

4. Agregue los gandules y deje hervir.
   Asegúrese que tiene suficiente líquido. (Si por casualidad se ha secado el líquido, disuelva un cubito de pollo en agua y añada a los gandules.)

5. Mientras tanto, pele los guineos y rállelos en la parte fina del guayo.

6. Una vez rallados, añada el resto del sofrito, ajo, y adobo a la masa de guineos. Bata bastante usando una cuchara de madera, hasta que la masa se vea airosa. Pruebe de sal.

7. Una vez los gandules empiecen a hervir, eche la masa de los guineos por cucharadas a los gandules. Deje que se cocinen por unos cuantos minutos. No los mueva inmediatamente porque los bollitos se desbaratan.

Sírvalos caliente con arroz blanco y aguacate.

Nota:

a. *Si usa gandules enlatados, disuelva un cubito de pollo en agua para que tenga suficiente líquido para cocinar los bollitos. Los bollitos espesan la salsa de los gandules.*

b. *Si son gandules enlatados, use solo 1-1/2 taza de agua para cocinar los bollitos.*
   (Muchos recomiendan no usar el agua que traen las latas por los preservativos que contienen. Se deja a discreción del cocinero.)

Gandules Guisados con Bollitos (vea receta en página anterior)

Quingombó con carne de ternera

(6 raciones)

Ingredientes:

- 2 lb de quingombó
- el jugo de 2 limones o 2 naranjas agrias
- 1 cda de adobo en polvo
- 2 cdas de sofrito
- ½ cdta de orégano
- 2 sobres de sazón con achiote
- ½ taza de salsa tomate
- 1 cda de alcaparras
- 3 cdas de aceitunas rellenas
- 2 lb de carne de ternera
- 2 cdas de aceite de oliva
- 3 dientes de ajo machacados
- 1 cdta de vinagre balsámico
- ½ taza de vino tinto
- 2 zanahorias grandes cortada en ruedas
- sal y pimienta a gusto
- agua

Procedimiento:

1. Corte el quingombó en tres pedazos. Lávelo con agua. Escurra.

2. Echele el jugo de dos limones y dejélo así por 10 minutos. Escurra nuevamente.

3. Lave la carne con limón o naranja agria para que le quite cualquier olor fuerte.

4. Corte la carne en pedazos y condimente con adobo en polvo

5. Mezcle en un caldero el sofrito, orégano, sazón, salsa de tomate, alcaparras, aceitunas.

6. Añada la carne y sofría por tres minutos, moviendo constantemente.

7. Agregue el aceite, vinagre, vino. Añada el quingombó y voltee.

8. A los 10 minutos de estar hirviendo, añada la zanahoria. Cocine a fuego bajo hasta que la carne esté cocida.

Sírvalo sin acompañamiento, sobre arroz blanco, amarillo o pasta. El aguacate maduro va muy bien con este tipo de guiso.

Notas:
a. *La carne de ternera se puede sustituir por carne de cerdo, pollo, pavo, camarones o bacalao.*
b. *Si usa camarones, límpielos antes de añadirlos.*

Biftec encebollado

(6 raciones)

Ingredientes:

- 2 ½ lb de lomillo de res cortado en rebanadas finas
- ½ taza de aceite de oliva
- ¼ taza de vinagre de manzana
- ¼ taza de vino tinto de cocinar
- 4 dientes de ajo machacados
- 1 cda de adobo en polvo
- ½ cdta de orégano en polvo
- 1 cebolla grande partida en ruedas
- sal y pimienta a gusto
- 1 taza de agua

Procedimiento:

1. Limpie la carne de pedazos grasosos. Lávela y séquela.

2. Usando un machacador, macháquela suavemente. (En el supermercado puede conseguir la carne ya partida y machacada.)

3. Mezcle el adobo, sal, pimienta, orégano y ajo y adobe la carne con esta mezcla.

4. Añádale a la carne el aceite, vino, vinagre y la cebolla en rebanadas. Deje que se marinee por una hora.

5. Al cabo de una hora, viértalo todo en una sartén, incluyendo el agua, y deje cocinar a fuego lento. Voltee de vez en cuando, cuidando que no se quemen las rebanadas de cebolla.

Sirva con arroz blanco, tostones y ensalada.

Nota: Otra recomendación- Sofreír la cebolla en aceite. Separe la cebolla y deje aparte. Cocine el biftec en ese aceite y luego le añade la cebolla.

Papas majadas con queso

(6 raciones)

Ingredientes:

- 2 lbs de papas
- una pizca de pimienta blanca
- 2 cdas de mantequilla
- 2 tazas de agua para hervir las papas
- ½ taza de leche
- 1 cdta de sal
- 6 dientes de ajo machacados
- 3 cdas de queso crema con ajo y otras hierbas

Procedimiento:

1. Lave, monde y parta las papas en pedazos pequeños. Hiérvalas.

2. Añada ajo machacado y sal al agua. Cueza hasta que estén totalmente cocidas. Si tiene un majador de papas, májelas.

3. Agregue la mantequilla, leche y queso, y mezcle por unos minutos. Pruebe de sal.

4. Añada la pimienta y mezcle bien.

Sirva caliente para acompañar carnes o ensaladas.

Rellenos de papa

(6 a 8 rellenos)

Ingredientes:

- 2 lbs de papas
- 1/4 cdta sal (o a gusto)
- 4 dientes de ajo machacado
- 2 huevos
- 1 1/2 taza de carne molida cocida
- 2 cdas de harina de trigo o maicena

Procedimiento:

1. Lave las papas, pélelas, pártalas por la mitad y cuézalas en 1 litro de agua con sal y ajo.

2. Una vez cocidas, descarte el agua májelas.

3. Añada harina o maicena y una pizca de pimienta. Mezcle bien.

4. Polvoree sus manos con harina. Usando una cuchara para sopas, eche una porción de papa y extiéndala en la mano. Ponga una cucharadita de carne en el centro, cúbrala con la papa y forme una bola.

5. Polvoree bien con harina los rellenos y fríalos en aceite caliente.

Sírvalos caliente.

Nota: Las raciones varían según el tamaño de los rellenos. La receta puede rendir de 10 a 15 rellenos pequeños.

Papa asada rellena de brécol

(2 raciones)

Ingredientes:

- 2 papas grandes
- 2 rebanadas queso amarillo
- 2 cdas queso crema con ajo
- 1/2 cdta de sofrito
- 1/4 cdta de adobo en polvo
- sal a gusto
- 1 cdta aceite de oliva
- 1 cdta mantequilla
- 3 florecitas de brécol

Procedimiento:

1. Prenda el horno a 350 grados.

2. Lave bien las papas. No las pele.

3. Córtelas a lo largo por la misma mitad, y envuélvalas en papel de aluminio.

4. Colóquelas en el horno y déjelas cocinar por media hora.

5. Lave y corte en pedazos pequeñitos las florecitas de brécol y deje aparte.

6. Cuando las papas estén cocidas, remueva la parte del centro, formando una cuenca.

7. Mezcle el brécol con la papa que removió del centro, queso crema con ajo, sofrito, adobo, y pruebe de sal.

8. Coloque esta mezcla en el centro de la papa. Añádale pedacitos de queso amarillo por encima y coloque en el horno hasta que el queso se derrita.

Sírvala caliente acompañando alguna carne asada. Puede servirse también como aperitivo.

Nota: Si no le gusta el brécol crudo, cocínelo en agua o al vapor por unos dos minutos antes de añadirlo a la mezcla de papa.

Espinaca con pimientos morrones

(4 a 5 raciones)

Ingredientes:

- 1 pqte (10 oz) de espinaca
- 2 cdtas de mantequilla/aceite de oliva
- 3 dientes de ajo machacados
- 1 cdta de sofrito
- 1 latita (4 oz) de pimientos morrones
- sal y pimienta a gusto

Procedimiento:

1. Lave bien la espinaca. (Asegúrese que no tiene arenilla.) Escurra y deje a un lado.

2. En una sartén, ponga a calentar el aceite o mantequilla. Añádale ajo, sofrito, sal, pimienta y espinaca. Sofría por unos minutos.

3. Una vez cocida la espinaca, agregue el pimiento morrón. Mueva y cocine durante unos segundos.

Sirva a la temperatura ambiente para acompañar un plato principal.

Morcillas

Ingredientes:

- Tripas de cerdo
- Toda la sangre del cerdo
- 3 limones o 3 naranjas agrias
- 4 dientes de ajo machacados
- 3 cdas de sofrito
- 1 ½ cdta de sal
- 1 cdta de adobo en polvo
- 1 cebolla mediana, picadita
- 3 ó 4 hojas de cilantrillo fresco picadito
- 3 ó 4 hojas de culantro/recao picadito
- 2 ajíes pequeños, picantes

Materiales:

- embudo
- cordón

Procedimiento:

1. Una vez se consiguen las tripas del cerdo, se limpian con agua fría. Se lavan bien con limón o naranja agria hasta que pierdan el mal olor.

2. Se disuelve con las manos cualquier pelota en la sangre.

3. Se prepara la sangre del cerdo con ajo, sofrito a gusto, sal, adobo en polvo, cebolla, cilantrillo, culantro (recao) y ajíes/pique. Deje a un lado.

4. Luego amarre las tripas por una punta con cordón fino. Sople las tripas y las va rellenando usando un embudo. La tripa debe estar blanda. Evite llenarlas demasiado porque al hervirse se expande y puede romperse.

5. Hiérvalas en agua caliente hasta que cuajen. Luego fríalas.

Sírvalas con viandas, arroz o pan.

Nota: Se pueden rellenar con arroz blanco, cocido, mezclado con la sangre.

Bacalao guisado

(6 raciones)

Ingredientes:

- 1 1/4 lb bacalao
- 5 1/2 tazas agua
- 1 cebolla grande en rebanadas
- 1/2 taza de salsa de tomate
- 2 dientes de ajo machacado
- 1 pimiento verde pequeño
- 1 tomate mediano en cubitos
- 1 hoja de laurel
- 1/2 taza aceite de oliva con achiote
- 1 cda sofrito fresco
- 1 cdta orégano
- 2 papas medianas partidas en cuatro
- 4 huevos duros cortados en ruedas

Procedimiento:

1. Lave y corte el bacalao en pedazos. Remoje en cuatro tazas de agua y cubra por dos horas para desalarlo. Hierva durante 15 minutos, cambiando el agua una o dos veces y pruebe hasta que que consiga el nivel de sal que desea. Sacar las espinas que pueda tener y desmenuzarlo en pedazos pequeños.

2. En un caldero grande, sofría las ruedas de cebolla, salsa de tomate, ajo, pimientos, tomate, hoja de laurel, aceite de oliva con achiote, sofrito y orégano por dos o tres minutos.

3. Agregue el bacalao desmenuzado, las papas y una y media taza de agua. Cueza tapado a fuego lento durante 30 minutos, hasta que las papas estén cocidas. Adorne con las ruedas de huevos.

Sirva caliente con viandas (ñame, yautía, y otros) y aguacate o sobre arroz blanco.

Bacalao guisado con berenjena asada a la parrilla

(6 raciones)

Ingredientes:

- 1lb de bacalao, desalado
- 3 tazas de agua
- 1 berenjena grande
- 2 cdas de sofrito
- 2 dientes de ajo machacados
- ½ taza salsa de tomate
- ½ cdta de orégano
- 1 cda de aceite de oliva
- sal y pimienta a gusto

Procedimiento:

1. Desale y limpie el bacalao de las espinas. (Desale el bacalao dejándolo en agua por una o dos horas. Luego lo hierve hasta que consiga el nivel de sal que desea.) Si después de hacer esto, continúa salado, añádale dos cucharadas de azúcar al agua y hierva por unos cinco minutos más.)

2. Corte el pescado en pedazos pequeños y deje aparte.

3. Coloque la berenjena a la parrilla en la estufa hasta que esté quemada.

4. Remueva la parte quemada en agua fría.

5. Corte la berenjena en pedazos y májela. Deje a un lado.

6. En una olla tamaño mediano, mezcle el sofrito, ajo, salsa de tomate, orégano y aceite de oliva. Sofría por tres minutos, moviendo con frecuencia.

7. Añada la berenjena y el bacalao. Mueva y cocine por unos 10 minutos. Pruebe de sal y pimienta.

Sirva con arroz blanco o amarillo, papas hervidas o ñame y aguacate.

Serenata de bacalao

(6 raciones)

Ingredientes:

- 1/2 lb bacalao (preferiblemente sin espinas)
- agua
- 1 cebolla grande en rebanadas
- 5 dientes de ajo machacado
- 1/2 taza de aceite de oliva
- 1/2 cdta de orégano
- 10 granos de pimienta
- 2 tomates en rebanadas
- sal a gusto

Procedimiento:

1. Corte el bacalao en pedazos y póngalo en agua por una hora. Cambie el agua y lo hierve por unos 10 minutos para desalarlo. (Pruebe para asegurarse que está desalado.) Escurra.

2. Remueva las espinas y pellejo. Saque lonjas y colóquelas en un recipiente para ensalada.

3. Mientras el bacalao hierve, vierta el aceite, ajo, pimienta cebolla y orégano en el recipiente para ensalada. Añada el bacalao y el tomate.

4. Usando una cuchara de madera, voltee bien y sírvalo sobre vianda caliente (ñame, yautía, papas, panapén, entre otras).

Sirva con aguacate.

Pasta rellenas de carne

(6 a 8 raciones)

Ingredientes:

- 1 caja (1 lb) de conchas grandes para rellenar
- 10 tazas de agua
- 1 cda de aceite de oliva
- 1 cdta de sal
- 2 dientes de ajo machacados
- 1 lb carne molida cocida (Vea receta en pág. 127)
- 2 tazas de quesos variados (parmesano, asiago, romano, etc.)
- 1 pote (15 oz) de salsa de tomate para pastas

Procedimiento:

1. En una olla grande, hieva el agua con ajo, sal y aceite. Al hervir, añada las conchas.

2. Cocine sin tapar por 10 minutos, moviendo con cuidado una o dos veces para evitar que se peguen a la olla.

3. Mientras se cocinan, encienda el horno a 350 grados.

4. Una vez hayan pasado los 10 minutos, retire de la hornilla, cuele, escurra y coloque uno al lado del otro en un molde (preferiblemente de cristal) llano engrasado.

5. Rellene las conchas con carne.

6. Vierta la salsa de tomate que cubra todos la pasta.

7. Polvoree el queso por encima de la salsa.

8. Cubra el molde con papel de aluminio y hornee a una temperatura mediana de 350 grados durante 30 minutos.

Sirva caliente con una ensalada y pan con ajo.

POSTRES

(Bizcochos, pastelones, pudines, flanes y otros dulces)

El Pequeño Larousse Ilustrado del 2002 (p. 813) define la palabra postre como "Fruta, plato dulce, etc., que se toma al final de las comidas."   Para muchos es la parte más anticipada.

Mi padre nos cuenta que en su casa se preparaban los "dulces de paila", que se vendían para incrementar el sostén de la familia. El dulce de batata, naranja y el de coco se cocinaban en ollas grandes para que rindieran más.

Mi madre y mi abuela siempre tenían tiempo para preparar algún dulce típico. No esperaban ocasión especial para hacerlo, sencillamente el "tengo deseos de comerme una mazamorra" o "un dulce de coco". En esa época no había hornos para hornear las sabrosuras que podemos preparar hoy día. Todavía recuerdo el sabor a leña que tenía todo lo que cocinaban, un sabor difícil de igualar. A pesar de que con los artefactos modernos avanzamos en el tiempo para cocinar algunas de nuestras comidas, tratamos de lograr ese sabor tan nuestro.

En mi pueblo natal de Aguadilla, teníamos a un dulcero, Pilmo, que preparaba el mejor dulce de leche, el mejor flan de leche y huevo servido en vasos en forma de cono. Igualmente sus bizcochitos. Los preparaba en la mañana y ya al medio día había vendido todo. Celaba su receta y nunca la reveló.

El anfitrión decide qué clase de postre va a servir una vez sabe el menú del día. Para una cena "fuerte", lo más apropiado es servir un postre suave al paladar, como flanes, pudines, sorbete (sherbet) o helado, y frutas. Se disfruta mejor este tipo de postre.   Hoy día se acostumbra servir en porciones pequeñas para que no empalaguen. Nuestros dulces pueden contener mucha azúcar. Por eso, por ejemplo, la lechosa o papaya en almíbar se sirve con queso blanco para contrastar lo dulce. Una variedad de quesos y vinos se puede usar como alternativa para postres.

Brazo gitano

(8 raciones)

Ingredientes:

- ¼ taza agua fría
- 1 cdta jugo de limón
- 1 cdta vainilla
- 4 huevos grandes
- 1 ¼ taza azúcar
- 1 ¼ taza harina de trigo
- 2 cdtas polvo de hornear
- l cdta cáscara rayada limón verde
- 1 pote mermelada de 12 oz
- azúcar en polvo

Materiales:

- Molde
- Papel encerado
- Toalla

Notas:
1. *Lea la etiqueta para verificar que la harina de trigo no contiene polvo de hornear.*

2. *Use su mermelada o jalea favorita.*

Procedimiento:

1. Engrase un molde llano para brazo gitano (10 ½" x 14 ¼" x ¾") y cubra con papel encerado o de estraza. Engrase el papel también.

2. Encienda el horno a 350 grados.

3. Mezcle agua, jugo de limón y vainilla.

4. Bata bien los huevos.

5. Una vez batidos, añada azúcar sin dejar de batir.

6. Agregue harina y bata lo necesario para que se humedezca. Vierta en el molde.

7. Hornee durante 18 minutos o hasta que se dore bastante por encima.

8. Mientras se hornea, humedezca una toalla de cocina y extiéndala en un lugar plano.

9. Vierta el bizcocho sobre la toalla húmeda. Remueva el papel. Enrolle el bizcocho con la toalla por un minuto. Desenrolle y esparza la jalea sobre el bizcocho. Enrolle nuevamente, dejando afuera la toalla.

10. Déjelo un rato sobre la toalla, con el borde hacia abajo para que no se despegue. Polvoree con azúcar en polvo (para confeccionar) y envuélvalo en papel encerado o de estraza para que no pierda la forma. (Corte los bordes que le saldrán desiguales y tostados.) Deje enfriar y corte en ruedas.

11. Guarde en el refrigerador.

Sirva a la temperatura ambiente. Delicioso con chocolate caliente.

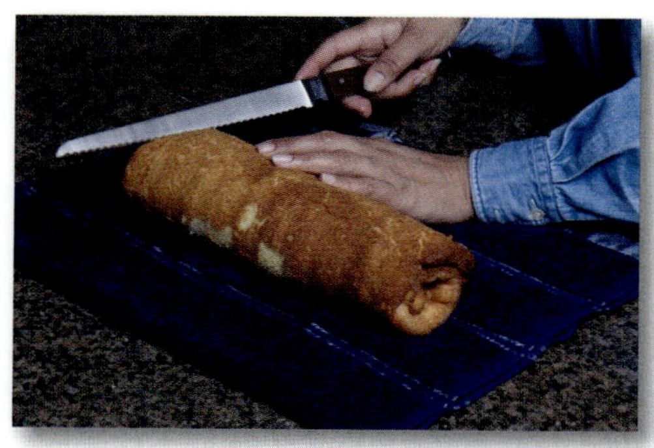

Dulce de coco con tomate

(6 a 8 raciones).

Ingredientes:

- 1 coco mediano seco
- 1 tomate mediano maduro
- 1 1/3 taza de azúcar
- 1 pote (13 oz) de leche evaporada, sin diluir
- 1 a 2 palitos de canela
- 1 cda de vainilla

Procedimiento:

1. Rallar el coco.

2. Partir el tomate en pedazos y remojarlo un ratito en leche. Dejar a un lado.

3. Mezclar el coco con el azúcar y los demás ingredientes. Poner a cocinar a fuego lento como por media hora hasta que el coco ablande.

4. Subir la temperatura y mover continuamente. Añadir el tomate y mover. El coco se va a dorar y mientras se mueve, no se pega de la olla. Esta es la señal que está casi listo. (Poner un poquito entre los dedos y si está pegajoso, ya está listo.) Deje refrescar.

Sirva a la temperatura ambiente.

Flan de leche

(8 a 10 raciones)

Ingredientes:

- 1 lata (12 oz) de leche evaporada
- 5 huevos
- 1/2 taza de leche fresca
- 1/4 cdta sal
- 3/4 taza azúcar para flan
- 1 cdta. vainilla
- 1/2 cdta ralladura de limón verde

Ingredientes para el caramelo:

- 3/4 taza de azúcar
- 1 cdta de agua
- dos gotas de jugo de limón

Procedimiento:

Para acaramelar el molde:

1. Cueza a fuego moderado moviendo constantemente con una cuchara de madera hasta que el azúcar esté totalmente derretida.

2. Una vez derretida y usando agarraderas, voltee el recipiente para que el azúcar cubra los lados, llegando hasta casi el borde del mismo. Trabaje con rapidez pero con cuidado para evitar quemarse.

3. Déjelo a fuego bien bajito.

Para preparar el flan:

1. Prenda el horno a 350 grados F.

2. Coloque la parte inferior o base del baño de María con 3/4 partes de agua en el horno.

3. Bata los huevos ligeramente hasta unir las yemas y claras. (El batirlos mucho hace que forme una espuma, se llena de aire y queda con muchos hoyitos.)

4. Añada la leche, sal y azúcar y mezcle bien. (Colar esta mezcla.)

5. Añada la vainilla y ralladura de limón. Mueva.

6. Vierta sobre el molde donde está el caramelo y coloque el recipiente en el baño de María.

7. Hornee por una hora y media o hasta que al insertar un cuchillo salga limpio. Deje enfríar en el molde. Una vez totalmente frío, guarde en el refrigerador. Luego lo vierte en un platón llano.

Flan de calabaza

(8 a 10 raciones)

Ingredientes:

- 2 tazas de calabaza majada
- 1 ½ taza de leche fresca
- ¾ taza azúcar para flan
- ¼ cdta sal
- 1 cdta vainilla
- 5 huevos ligeramente batidos
- 4 cdas maicena
- 3 tazas de agua

Procedimiento:

Para acaramelar el molde:

1. Cueza a fuego moderado moviendo constantemente con una cuchara de madera hasta que el azúcar esté totalmente derretida.

2. Una vez derretida y usando agarraderas, voltee el recipiente para que el azúcar cubra los lados, llegando hasta casi el borde del mismo. Trabaje con rapidez pero con cuidado para evitar quemarse.

3. Déjelo a fuego bien bajito.

Para preparar el flan:

1. Lave, limpie y pele la calabaza. Corte en pedazos y ponga a hervir en tres tazas de agua con una cucharadita de sal durante 10 a 15 minutos hasta que ablande. Tan pronto se ablande, májela con un tenedor sino tiene un majador. Mida 2 tazas.

2. Prenda el horno a 350 grados F.

3. Coloque en el horno la parte inferior o base del baño de María con 3/4 partes de agua.

4. Disuelva la maicena con la leche y añada a la calabaza. Mueva hasta que la mezcla quede sin granitos.

5. Agregue la vainilla, azúcar y sal.

6. Bata los huevos ligeramente hasta unir las yemas y claras. (El batirlos mucho hace que forme una espuma, se llena de aire y queda con muchos hoyitos.) Añada a la calabaza. Mezcle bien.

7. Vierta la mezcla en la parte superior del baño de María y hornee durante 50 minutos o hasta que al insertar un cuchillo o palillo salga limpio.

8. Retire del horno y deje enfriar en el molde durante dos horas antes de guardarlo en la nevera.

Sirva a la temperatura ambiente.

Flan de maíz

(6 a 8 raciones)

Ingredientes:

- 2 tazas de maíz en crema
- 1 taza de leche de coco
- 1 cdta de canela en polvo
- ¾ taza de azúcar para el flan
- 1 cdta de sal
- 1 cdta de vainilla
- 6 huevos

Para hacer el caramelo:

- ¾ taza de azúcar
- 2 cdas de agua

Siga las instrucciones del flan de leche para acaramelar el molde.

Procedimiento:

1. Encienda el horno a 350 grados. Cubra de agua más de la mitad la parte de abajo del baño de María y coloque en el horno.

2. Prepare el caramelo. En la parte de arriba del baño de María, eche el azúcar y agua. Disuelva a fuego mediano, moviendo constantemente. Deje a un lado.

3. En una licuadora, triture el maíz hasta que quede líquido. Cuele y deje aparte.

4. Bata la leche de coco con todos los ingredientes, excepto la vainilla. Mezcle con el maíz.

5. Vierta la mezcla de maíz y ponga encima del envase que tiene dentro del horno. Hornee por una hora y media o hasta que inserte un cuchillo y salga limpio. Deje enfriar en el molde.

6. Sirva a la temperatura ambiente.

Flan de panapén

(6 a 8 raciones)

Ingredientes:

- 1 pana pequeña madura
- 5 huevos
- 3 cdas de mantequilla
- 1 taza de harina de trigo
- ¼ cdta de sal
- 1 lata (12 oz) de leche evaporada
- 1 taza de azúcar para el flan
- 1 cdta de vainilla
- ¾ taza de azúcar para acaramelar el molde
- 1/3 taza de agua

Procedimiento:

1. Pele y limpie la pana. Pártala en pedazos y hiérvala.

2. Mientras hierve, encienda el horno a 350 grados.

3. Una vez cocida, escúrrala y májela.

4. Agregue la mantequilla, sal, azúcar, huevos, harina de trigo, leche evaporada, vainilla y agua. Mezcle bien, hasta que la mezcla quede suave y deje a un lado.

5. Acaramele un molde y vierta la mezcla de pana en el molde.

6. Ponga el molde en baño de María durante 45 a 60 minutos. Introduzca un cuchillo en el centro y si sale limpio, el flan está cocido.

7. Deje enfriar. Si no lo va a servir inmediatamente, guárdelo en el refrigerador.

Flan de yuca

(8 a 10 raciones)

Ingredientes:

- 1 taza de yuca molida (1/2 libra de yuca)
- 1 lata de leche evaporada
- 1 cdta. de vainilla
- 1 cdta de canela en polvo
- 4 huevos
- 1 taza de leche condensada
- 1 taza de azúcar granulada
- ¼ cdta. de clavos de especia en polvo
- ¼ taza de vino marsala o brandy
- ¼ cdta. de nuez moscada en polvo

Procedimiento:

1. Prenda el horno a 350 grados. Ponga dentro del horno la base del baño de María, con suficiente agua para cubrir 2/3 partes del molde donde horneará el flan.

2. Ralle la yuca y deje aparte.

3. Acaramele el molde donde horneará el flan.

(Si usa el baño de María, la cacerola que está en la parte de arriba es la que acaramelará.)

4. En un procesador de comida o en una licuadora, mezcle ¼ de azúcar, leche condensada, canela, clavos de especia, nuez moscada, vainilla y huevos. Bata por unos segundos.

5. Añada la yuca y bata hasta que quede suave.

6. Añada el vino o brandy y leche evaporada. Mezcle bien.

7. Vierta la mezcla en el molde y hornee hasta que al probar con un palillo o cuchillo, salga limpio. El tiempo para cocinarse varía desde 45 minutos a 1 ½ horas. Deje refrescar durante una hora en el molde. Viértalo sobre un platón y sirva frío o a la temperatura del ambiente.

Pudín de yuca

(8 a 10 raciones)

Ingredientes:

- 1 taza (1/2 lbs) yuca molida
- 1 cdta. de vainilla
- 1 lata de leche condensada
- ¼ de taza de vino Marsala
- 1 lata de leche evaporada
- 1 cdta. de canela en polvo
- 2 tazas de leche de coco (1 coco)
- 4 huevos grandes
- 1 taza de harina de trigo para bizcochos
- 1 cajita de pasas (opcional)
- ½ cdta. de jengibre en polvo
- 2 cdas de mantequilla
- ½ cdta. de clavos de especia en polvo
- 1 taza de azúcar

Procedimiento:

1. Encienda el horno a 450° grados de temperatura.

2. Engrase un molde (12 x 9 x 2) que usará para hornear el pudín. Deje a un lado.

3. Mezcle la yuca molida, leche condensada, y ½ taza de leche de coco.

4. Añada la harina de trigo, azúcar, jengibre, clavos de especia, canela y bata bien.

5. Añada los huevos uno a uno mezclando bien después de cada adición.

6. Agregue la mantequilla, el resto de la leche de coco, leche evaporada y vainilla.

7. Añada el vino. (Pruebe la mezcla para que se asegure que tiene el punto de azúcar que desea.)

8. Añada las pasas. Mueva. Vacíe en el molde ya engrasado. Hornee a 350° por 45 minutos o hasta que al insertar una varita de hornear o cuchillo salga limpio (seco).

(Pase las pasas por harina de trigo para que no queden en un solo lado.)

Arroz con dulce/coco

(Sirve a 16 personas)

Ingredientes:

- 1 1/2 taza de arroz -grano pequeño
- 3 1/2 tazas de agua
- 1 1/2 taza de azúcar + dos cdas más
- 5 1/2 tazas leche de coco
- 1 oz jengibre (cortado en 4 pedazos)
- 30 clavos de especias
- 3 rajas de canela
- 3/4 cdta sal
- 3 cajitas (1 1/2 oz) pasas
- 1 lata leche evaporada
- 1/2 taza leche fresca
- 2 cdtas mantequilla
- 1/2 taza coco rallado
- Canela en polvo
- 2 cdtas queso parmesano (opcional)

Procedimiento:

1. Escoja el arroz. Luego remójelo en dos tazas de agua durante dos horas (o de un día para otro).

2. Mezcle el azúcar en una taza de leche de coco y deje aparte.

3. En una cacerola combine 1 1/2 taza de agua, jengibre, una raja de canela, clavos de especia, y deje hervir a fuego lento durante 15 minutos. Cuele el líquido y deje aparte.

4. En un caldero mediano, combine 3 1/2 tazas de leche de coco, 2 rajas de canela y sal. Hierva a fuego medianamente alto. Al hervir, añada el arroz y el líquido de jengibre. Mueva y cocine durante 20 minutos.

5. Añada la leche de coco con azúcar, pasas, leche evaporada y fresca y mantequilla. Mueva y baje el fuego. Continúe cocinando por 15 minutos más.

6. Agregue el coco rallado, mueva y cocine hasta que el arroz esté blando.

7. Vierta en un platón. Polvoree con canela y queso parmesano.

Sirva a la temperatura ambiente.

Dulce de naranja agria

(6 raciones)

Ingredientes:

- 12 naranjas agrias
- 2 tazas azúcar blanca
- 3 rajas canela
- 1 cdta vainilla

Procedimiento:

1. Lavar bien las naranjas.
2. Pelarlas sacando levemente la cáscara amarilla (apenas tocando la pulpa blanca.)
3. Haga 4 cortes a la naranja para que se haga fácil sacar la pulpa blanca en hojas.
4. Remoje la pulpa en agua por 15 minutos.
5. Revuelva con las manos como si estuviera lavando ropa, descarte el agua. Siga el mismo procedimiento, por lo menos 3 veces. Escurra bien.
6. Cubra de agua nuevamente. Hierva durante 5 minutos y descarte el agua. Escúrralas y maje con un tenedor.
7. Mida la pulpa usando una taza. Por cada taza de pulpa, agregue una taza de azúcar.
8. En un caldero, cueza a fuego medianamente alto la pulpa con el azúcar, canela y vainilla por 30 minutos, moviendo de vez en cuando con una cuchara de madera para que no se pegue. Siga cocinando hasta que la pulpa ablande.
9. Cuando se despegue del caldero, viértalo sobre una superficie lisa, preferiblemente de mármol, para que le dé forma de barra. (Si la desea menos granulosa, pásele un rolo o botella redonda de un litro, para que se le haga fácil darle forma.) Deje enfriar y sirva con queso blanco del país.

NOTA: A veces el dulce está listo antes de los 30 minutos, dependiendo del líquido que retenga la corteza de la naranja, después de hervirse y majarse. Es importante que lo observe continuamente después de los primeros 15 minutos para retirarlo del caldero tan pronto se despegue para evitar que se azucare.

Pudín de pan

(10-12 raciones)

Ingredientes:

- 1 lb de pan
- 3 1/2 tazas de leche
- 1 1/4 tazas de azúcar blanca
- 4 huevos ligeramente batidos
- 1/4 cdta sal
- 1 cda vainilla
- 1 cdta canela en polvo
- 3/4 tazas de mantequilla derretida
- 1/2 taza vino dulce
- 1 taza pasas sin semillas

Procedimiento:

1. En una olla grande, remoje el pan con la leche.

2. Cuando el pan esté humedecido totalmente, prenda el horno a 350º.

3. Engrase un molde 12 x 9 x 2" o uno redondo y deje a un lado.

4. Usando un tenedor, desbarate el pan. Añada azúcar, sal, vainilla, canela, mantequilla y vino.

5. Mueva bien y agregue las pasas.

6. Hornee por una hora o hasta que al insertar un cuchillo salga limpio.

Por lo general, se sirve a la temperatura ambiente. Pero se puede servir caliente con helado de vainilla o con una cucharada de crema (whipped cream).

Notas:

1. El número de raciones dependerá de cuán grande sirva los pedazos.

2. Se puede usar dos tazas de leche de coco y una lata (12 oz.) de leche evaporada en vez de leche fresca.

3. El pan que sobre se congela y cuando se acumule bastante, se prepara el pudín.

Pudín/flan diplomático

(15 raciones)

Ingredientes:

- 1lb pan rebanado sin corteza
- ½ taza leche fresca
- 1 lata (12 oz) leche evaporada
- 1 cda vainilla
- 1 lata (15 oz) cóctel de frutas (sin piña)
- 1 ½ taza azúcar blanca
- una pizca de sal
- 1 cda mantequilla
- mantequilla para engrasar molde

Procedimiento:

1. Quítele la corteza al pan y remójelo en ½ taza de leche fresca.

2. Encienda el horno a 350 grados.

3. Engrase un molde (12 x 9 x 2").

4. Una todos los ingredientes.

5. Coloque en molde y hornee a 350 grados.

Sírvalo a la temperatura ambiente.

Nota: Guarde en el refrigerador.

Pudín de batata
(Sirve 15-20 raciones)

Ingredientes:

- 5 lb de batata rallada
- 1 barra de mantequilla
- 3 lb de calabaza hervida sin cáscara
- 1 cdta de sal
- 6 huevos batidos
- 1 ½ taza de azúcar blanca
- 1 taza de harina de maíz
- 1 cda de canela en polvo
- 1 taza de harina de trigo
- 1 cdta de clavos de especia en polvo
- 2 potes de leche evaporada

Procedimiento:

1. Prenda el horno a 350 grados, 10 minutos antes de empezar a preparar el pudín.
2. Coloque papel de aluminio o de estraza en el molde (12 x 9 x 2"), engrasarlo y dejar a un lado.
3. Mezclar todos los ingredientes. Probar de azúcar.
4. Vertir la mezcla en el molde. Hornear por una hora y media. Si al insertar un cuchillo en el pudín, sale limpio, indica que ya está listo para retirarse del horno.

Sírvalo a la temperatura ambiente.

....

Mundo nuevo
(8 raciones)

Ingredientes:

- 1 taza harina de maíz
- 1 1/2 taza de leche de coco o fresca
- 1/2 taza de azúcar
- 1 cdta extracto de vainilla
- 2 rajas de canela
- canela en polvo

Procedimiento:

1. En un caldero mediano, disuelva la harina con la leche.
2. Añada azúcar, vainilla y rajas de canela. Mueva bien. Pruebe de azúcar.
3. Cocine a fuego medianamente bajo, moviendo constantemente hasta que cuaje, aproximadamente de 25 a 30 minutos. (Cuando empiece a hervir, es indicio de que pronto va a estar lista.) Sirva en platillos individuales. Polvoree con canela en polvo. Deje enfriar unos minutos.

Panecillos dulces de maíz (Molletes)

(12 panecillos)

Ingredientes:

- 1 taza de harina de maíz
- 1 barra de mantequilla
- 1 taza de harina de trigo
- 2 huevos
- 1 cdta de polvo de hornear
- 2 guineos maduros
- ½ cdta de bicarbonato de soda
- ½ taza de zanahorias ralladas
- 1 cdta de sal
- ½ taza de pasas
- 1 taza de azúcar granulada
- 1 taza de leche
- ½ taza de nueces picaditas
- 1 cdta. de extracto de vainilla

Procedimiento:

1. Deje la mantequilla fuera de la nevera, por lo menos, media hora antes de empezar a prepararla.
2. Encienda el horno a 400 .
3. Engrase un molde para 12 panecillos.
4. Bata juntos el azúcar y la mantequilla hasta que estén cremosos.
5. Añada los huevos, uno a la vez, batiendo bien después de cada adición.
6. Añada los guineos, zanahorias y bata hasta que la mezcle esté suave.
7. En un envase aparte, mezcle juntos las harinas, polvo de hornear, soda, y sal.
8. Eche la mezcla de las harinas, alternando con la leche, a la mezcla de huevos.
9. Bata hasta que todos los ingredientes secos se humedezcan.
10. Añada la vainilla, nueces y pasas.
11. Usando una cuchara, llene los moldes por lo menos hasta cubrirlos dos terceras partes. Hornee hasta que estén levemente dorados, aproximadamente 15 minutos.

Sirva tibio.

Tembleque

(8 a 10 raciones)

Ingredientes:

- 4 tazas de leche de coco
- 2 palitos de canela
- 3/8 cdta sal
- canela en polvo
- 2/3 taza azúcar
- 2 cdta vainilla
- ½ taza maicena
- ¼ taza de leche crema

Procedimiento:

1. Combine la leche de coco, vainilla, pedazos de canela, sal y azúcar en una cacerola mediana.

2. Disuelva la maicena en media taza de leche crema, cuele y añada a la mezcla de leche de coco.

3. Cocine a fuego mediano, moviendo constantemente con una cuchara de madera hasta que hierva.

4. Reduzca el fuego y cocine por cinco minutos más, moviendo dos o tres veces.

5. Retire de la estufa y póngala en un plato de cristal. Deje que se enfríe completamente.

6. Polvoree levemente con canela en polvo.

Sirva a la temperatura ambiente.

Tembleque de frambuesa

(10 raciones)

Ingredientes:

- 3 tazas de leche de coco
- 4 cdas de maicena
- 1 pqte de frambuesas (8 oz)
- ¼ taza de leche crema
- 1 cda de vainilla
- 2 palitos de canela
- 1 taza de azúcar o a gusto
- 1 cdta de canela en polvo
- 1 cdta de sal

Procedimiento:

1. Lave y sáquele las semillas a las frambuesas y póngalas en una licuadora con tres cucharadas de azúcar. Licuar por unos segundos. Pruebe de azúcar.

2. En un caldero combine la leche de coco, el resto del azúcar y sal.

3. Disuelva la maicena en la leche crema, cuele y añada a la mezcla de leche de coco.

4. Agregue las frambuesas. Mueva y pruebe de azúcar.

5. Cueza a fuego moderado moviendo constantemente. Una vez se cuaje, va a empezar a hervir. Apáguelo y viértalo en un platón de cristal. Polvoree con canela en polvo.

Cuando se haya enfriado, póngalo en el refrigerador. Es un postre suave para una cena pesada.

Tembleque achocolatado

(8 raciones)

Ingredientes:

- 4 tazas de leche de coco
- 1/2 taza de maicena
- 2 cdas de chocolate en polvo
- 1/4 cdta de sal
- 2/3 taza de azúcar
- 2 cdta vainilla
- 2 palitos de canela
- canela en polvo
- 1/2 taza de leche crema

Procedimiento:

1. Combine la leche de coco, vainilla, pedazos de canela, sal y azúcar en una cacerola (de 3/4) mediana.

2. Use 1/4 de leche de coco para disolver la maicena, cuele y añada a la mezcla de leche de coco (en paso #1).

3. Disuelva el chocolate en la leche crema. Añada a la mezcla de leche de coco

4. Cocine a fuego moderado, moviendo constantemente con una cuchara de madera hasta que hierva.

5. Reduzca el fuego y cocine por unos minutos, moviendo dos o tres veces.

6. Retire de la estufa y sírvala en un platón grande de cristal o en platos individuales.

7. Polvoree con canela en polvo.

Sirva a la temperatura ambiente.

Pasta de mango
(6 a 7 raciones)

Ingredientes:

- 5 tazas de pulpa de mango (4 mangoes grandes)
- 5 tazas de azúcar negra

Procedimiento:

1. Pelar los mangoes y sacarle la pulpa.

2. En un caldero grande, colocar la pulpa y dejar se cocine por media hora para que se ablande. Sacarle la fibra si tiene alguna.

3. Majar la pulpa con un tenedor y añadirle el azúcar. Dejar que se disuelva el azúcar y forme una pasta.

4. Mueva de vez en cuando para que no se pegue. Una vez cocida, colocar en papel encerado en forma de barritas.

Nota:

1. Si por casualidad el jugo del mango no se evapora por completo, puede preparar una jalea para usarse en galletas de sodas. Guarde en la nevera en una jarra de cristal.

2. Si le añade vainilla y canela, esto le cambia el sabor al mango.

3. Esta misma receta se puede utilizar en varias frutas: mamey, pajuil, entre otras.

....

Toranja asada a la parrilla
(2 raciones)

Ingredientes:

- 1 toronja cortada por la mitad
- 1 cdta azúcar negra
- 1 cdta mantequilla

Procedimiento:

1. Con un cuchillo, despegue de la corteza la parte interior de cada una de las mitades de la toronja y haga un círculo en el centro, sacando todas las semillas.

2. Añada una pizca de mantequilla al centro de cada mitad.

3. Polvoree con azúcar.

4. Coloque en la parrilla y tan pronto se derrita el azúcar, retire.

Sirva inmediatamente.

Bizcocho de zanahoria

(10 a 12 raciones)

Ingredientes:

- 2 tazas de zanahoria rallada
- 1 taza de piña triturada
- 3 huevos
- 1 ½ taza de aceite vegetal
- 2 cdtas de vainilla
- 1 caja (6 oz) de pasas
- mantequilla para engrasar molde
- una pizca de jengibre rallado

Ingredientes secos:

- 2 ½ tazas de azúcar
- 3 tazas de harina de trigo cernida
- 2 cdtas de polvo de hornear
- 1 cdta de bicarbonato de soda
- ½ cdta de clavos de especia
- 1 taza de nueces
- 2 cdtas de canela
- 2 cdtas de extracto de almendra

Procedimiento:

1. Engrase con mantequilla un molde redondo de 9". Deje a un lado.

2. En un envase grande, combine todos los ingredientes secos, excepto las nueces y las pasas que se agregarán después que todo esté bien batido.

3. Añada zanahoria, piña, huevos, aceite y vainilla. Mezcle bien.

4. Vacíe esta mezcla en el molde engrasado y hornee a 350 por 45 minutos o hasta que al insertar un cuchillo, éste salga limpio.

Sírvalo a la temperatura ambiente. Exquisito con una buena taza de chocolate caliente.

Hojaldre

(10 porciones)

Ingredientes:

- 6 huevos
- 1 1/4 taza azúcar
- 1 taza mantequilla o manteca vegetal
- 1 taza vino tinto dulce
- 1 3/4 tazas harina de trigo
- 1 cda de canela en polvo
- 1/2 cdta clavos de especias en polvo
- 1/2 cdta nuez moscada en polvo
- 1/4 cdta jengibre en polvo
- 1 1/2 cdta de polvo de hornear
- 1/4 cdta de sal
- 1 cda de extracto de vainilla
- 1 cdta azúcar pulverizada

Procedimiento:

1. Encienda el horno a 350 grados.

2. Engrase un molde redondo de 9" y deje aparte.

3. En una cacerola pequeña, derrita la mantequilla o manteca vegetal.

4. En un recipiente bastante grande, bata los huevos con el azúcar hasta que estén cremosos.

5. Añada la mantequilla o manteca vegetal derretida y el vino.

6. Cierna juntos la harina, canela, clavos de especias, nuez moscada, jengibre, sal, y polvo de hornear. Añada a la mezcla de huevos y azúcar, batiendo solamente lo necesario para mezclarlo todo.

7. Añada la vainilla, mueva e inmediatamente vierta en el molde.

8. Hornee por 45 minutos o hasta que al insertar un cuchillo salga limpio.

Deje refrescar, polvoree con azúcar pulverizada y sírvalo con una buena taza de chocolate caliente.

Cazuela

(10 a 12 raciones)

Ingredientes:

- 2 ½ lbs de calabaza
- 1 ¼ taza de leche de coco
- 2 ½ lbs de batata blanca
- 1 taza de vino moscatel
- 1/2 taza de harina de arroz
- 1 cda de vainilla
- 2 tazas de azúcar
- 2 cdas de mantequilla
- 6 huevos
- 1 cdta de sal
- 1 cdta de canela en polvo
- 1/2 cdta jengibre en polvo
- 1/2 cdta clavo de especia en polvo

En una cacerola aparte hierva en 1 ½ taza de agua, durante 15 minutos los siguientes ingredientes: (Una vez hervidos, pase por un cedazo y deje aparte.)

- 3 pedacitos de anís en grano
- 2 pedacitos pequeñitos de jengibre
- 2 palitos de canela
- 4 ó 5 clavos de especia

Procedimiento:

1. Engrase con mantequilla un molde de 12 x 9 x 2" y deje a un lado.

2. Obtenga la leche de coco.

3. Mientras tanto, pele y corte en pedazos manejables la batata y la calabaza. Ponga a hervir por separado, con una pizca de sal, hasta que ablanden.

4. La calabaza, una vez blanda, escúrrala un poquito para sacarle el agua que se le acumula.

5. Maje juntas la calabaza y la batata.

6. Añada la mantequilla y la leche de coco. Mezcle bien.

7. Agréguele la harina de arroz, y los huevos uno a uno, batiendo bien después que cada adición.

8. Añada todos los demás ingredientes y el líquido de anís.

9. Por último, añada el vino y mezcle bien.

10. Vierta en el molde engrasado y hornee a 350 grados por una hora, o hasta que al insertar un cuchillo en el centro salga limpio.

Sirva a la temperatura ambiente. Se puede usar para el desayuno.

Dulce de leche evaporada

(8 raciones)

Ingredientes:

- 2 latas (12 oz) de leche evaporada
- 2 cdtas de vinagre blanco
- 1 cdta de vainilla
- cáscara de un limón verde
- 1 ¼ tazas de agua
- 1 1/4 tazas de azúcar

Procedimiento:

1. Vierta una lata de leche en un envase tapado y deje a la temperatura del ambiente durante tres días.

2. A los tres días combine la otra lata de leche con la leche en el envase que ya debe estar cortada. (Esta combinación se hacía para que el dulce quedara en granitos.)

3. Agregue el agua, azúcar, vainilla y la cáscara del limón y bata para que se mezcle el azúcar con el resto de los ingredientes.

4. Cueza a fuego medianamente alto y cuando comience a hervir, añada el vinagre y reduzca el fuego a moderado. Deje hervir hasta que se seque.

5. Con una cuchara de madera, mueva levemente sin romper los grumos que se han formado. Cuando esté seco, viértalo en un plato y corte en pedazos.

Nota: Si desea preparalo más rápido, combine todos los ingredientes en una cacerola. Cocine a fuego bajo, sin moverlo hasta que tenga un color obscuro, aproximadamente 1/2 hora.

Melocotón agelatinado con queso crema

(10 raciones)

Ingredientes:

- 1 (8 oz) queso crema
- 1 lata (15 oz) de melocotones
- 1 (13 oz) leche evaporada
- ¼ taza de jugo de naranja
- 10 cdas de azúcar blanca
- 2 sobres de gelatina sin sabor
- 1 cdta de vainilla
- ¼ taza de licor dulce

Procedimiento:

1. Deje el queso fuera de la nevera por media hora. Luego bata el queso, vainilla y la leche en una licuadora. Deje a un lado.

2. Mientras tanto, en una cacerola disuelva el azúcar en el jugo de melocotones a fuego mediano. Deje refrescar.

3. Añadir el vino, jugo de naranja, gelatina y azúcar disuelta a la licuadora y batir nuevamente.

4. Vertirlo en un molde de cristal y colocar los melocotoness en el molde. Guárdelo en la nevera.

Sírvalo frío. Es un postre suave, delicado para después de una cena fuerte.

Nota: El melocotón se puede sustituir por peras enlatadas.

Mazamorra

(10 raciones)

Ingredientes:

- 12 mazorcas de maíz ó 3 latas (15.2 oz) de maíz
- 2 1/2 tazas de leche de coco
- 1 cdta extracto de vainilla
- 1 taza de azúcar
- 1 cdta de sal
- 2 rajas de canela
- 1 cdta canela en polvo

Procedimiento:

1. Pele las mazorcas y raspe el maíz.

2. Triture el maíz en una licuadora y cuele.

3. Mezcle leche de coco y maíz.

4. Agregue la vainilla, azúcar, sal y rajas de canela. Mezcle bien.

5. En un caldero, cocine a fuego lento aproximadamente 25 a 30 minutos, moviendo la mezcla continuamente hasta que espese, sin que se pegue de la olla.

6. Retire de la hornilla. Sirva en envases para postre. Deje enfriar y polvoree con canela en polvo.

Nota: La diferencia entre mazamorra y mundo nuevo es que para la primera se usa la mazorca fresca y para el mundo nuevo se usa la harina de maíz.

Dulce de papaya (lechosa) en almíbar

(10 a 12 raciones)

Ingredientes:

- 2 lb. lechosas verdes
- 4 ó 5 pedazos de canela en rajitas
- 20 clavos de especia
- 1 cda de vainilla
- 1 1/2 lb de azúcar
- una pizca de sal
- 2 cdas de bicarbonato de soda
- agua que cubra la lechosa ya partida

Procedimiento:

1. Se parten las lechosas a lo largo, en cuatro pedazos, se les quita la cáscara y se limpian por dentro, raspándoles las semillas.

2. Luego se parten en tajadas como de ¼" de grueso.

3. Combine el agua con la soda y échele la lechosa por media hora.

4. A la media hora, se descarta el agua y se colocan en una olla grande. Añádale la canela, clavos, vainilla, sal, azúcar y se pone a hervir a fuego lento, hasta que forme un almíbar espeso, aproximadamente entre una hora y hora y media. Mientras la lechosa se cocina, voltee de vez en cuando.

Se sirve con queso blanco o con helado de vainilla.

Dónde conseguir especias y utensilios a través del Internet:

Abuela's Pique
abuelaspique@verizon.net
zabalaher@verizon.net — Salsa picante en varios sabores y vinagre balsámico

www.aidasseasonings.com — Calderos, condimentos y otros productos

www.alfi.com — Cuchillos

www.caribbeanseeds.com — Cilantrillo y semillas de culantro

www.cheflatino.com — Condimentos y artículos de cocina

www.ethnicgrocer.com — Hierbas y especias

www.globalfoodcompany.com — Condimentos y otras comidas

www.laflor.com — Especias y hierbas

www.mipatria.com — Calderos y otros productos

www.penzeys.com — Especias

www.sofritogourmet.com — Sofrito, recaíto, y otras especias

www.taylorgarden.com — Hierbas y especias, productos orgánicos y natural

www.professionalcutlerysupply.com - Cuchillos y otros utensilios de cocina

Glosario

aceite con achiote - aceite preparado con semillas de achiote para dar color al arroz, guisos, cocidos, y otros platos.

achiote - semillas rojizas de las que se extrae color mediante aceite caliente para condimentar ciertos cocidos. Otros nombres son: *achote, bija, urucú* y *onoto* (de ahí *annatto* en inglés).

aderezo - aliño, condimentación. Salsa o condimento que se añade a la comida para más sabor y gusto.

aguacate - se le conoce como palta en los países suramericanos.

adobo - condimento en polvo. También se refiere a una salsa hecha con aceite, vinagre, especias y otros ingredientes usados para condimentar y conservar los alimentos.

al dente - término italiano que significa *al diente*, alimento cocido de consistencia ligeramente dura al masticarlo: por ejemplo, espagueti al dente.

al vapor - cocer un alimento con vapor, sin sumergirlo en el agua

alverja - (alberja), planta y semilla; guisantes en España

amarillos - plátanos maduros

amasar - ablandar con las manos una masa, mezclando sus ingredientes

amortigüar - proceso de calentar en la hornilla la hoja de guineo/plátano para que sea flexible al doblarse y no se rompa tan fácilmente cuando se prepara el pastel.

arequipe - dulce de leche, caramelo, en Colombia, Sur América

asadura - entrañas del animal (hígado, bofes)

asar - hacer comestible un alimento por la acción directa del fuego o la del aire caldeado, muchas veces rociando con grasa o para lograr un exterior tostado, abrasar).

asopao - plato preparado con arroz, de consistencia blanda por el caldo que se le añade. Se prepara con mariscos, granos (habichuelas, gandules) y pollo.

azafrán - Considerada la reina de las especias en España, de semillas de la flor del croco y se usa para dar color amarillento a ciertos platos.

azúcar granulada - azúcar común/regular, de granos pequeños.

baño de María - recipiente de dos piezas, una para el agua a hervirse, y otra colocada dentro de la primera para hacer ciertos postres delicados como el flan. (El agua cubre 3/4 partes de la altura del molde.

batata blanca - boniato, camote

batido - bebida refrescante sin alcohol, hecha a base de leche, frutas, yogur, helado o mantecado mezclado por medio de una batidora.

bayas - variedad de frutos agridulces como la fresa, frambuesa, zarzamora, grosella y arándano, entre otros.

bicarbonato de soda (baking soda) - sal blanca en polvo que se utiliza en la cocina con fines de conservar el color verde en vegetales como el brécol, dureza a la papaya verde cuando se prepara en dulce o almíbar. Sirve de remedio casero para aliviar la acidez estomacal y el dolor de estómago.

bofe - pulmón de la res destinado a consumo.

bollitos - masitas de guineo o plátano verde condimentadas para complementar los gandules, habichuelas verdes y otros cocidos.

brasa - leña o carbón encendidos

brasear - asar directamente sobre la brasa

brevas - higos en Colombia, Sur América

budín - pudín

butifarra - embutido a base de carne de cerdo, sal, pimienta, nuez moscada y brandy. No lleva color y se amarra en pedazos de aproximadamente 4 a 5 pulgadas.

canapé - bocadito de aperitivo servido en bandeja

cernir - pasar por un colador o cernidor.

chaira - barra cilíndrica de acero para afilar cuchillos.

champola - refresco hecho con pulpa de guanábana y leche

charola - bandeja en Sur América

china - naranja dulce

choclo - en Sur América, mazorca de maíz en cualquiera de sus estados (verde, madura o seca). También maíz tierno utilizado para preparar diferentes platos.

cilantro - hierba que se utiliza como condimento. Se conoce también como culantro, cilandro, coriandro

cubiertos - el conjunto de tenedores, cucharas y cuchillos

cuchifrito - Combinación de tripa, pajarilla, buche o estómago del cerdo.

desmenuzar - partir en partes menudas o pequeñas

diluir - disolver algo sólido en un líquido o aumentar o alterar el contenido de un líquido, añadiendo cierta cantidad de agua u otro líquido.

dita - utensilio hecho con la mitad de una higüera seca, usado para escoger, medir y lavar el arroz.

elote - mazorca tierna de maíz en Centro y Sur América

empanar - envolver un alimento en huevo y pan antes de freír

engrasar un molde - untar aceite, mantequilla, oleomargarina, o manteca usando una brocha o los dedos en un molde o vasija donde se va a hornear para que no se pegue al recipiente.

entremés - platillo ligero que se sirve antes del plato fuerte, con el fin de despertar el apetito.

escabeche - conserva a base de vinagre, aceite, cebolla y otros condimentos.

escurrir - eliminar, descartar o sacar un líquido de un alimento

flamear - prenderle fuego a una bebida alcohólica o a un platillo rociado con alcohol para sellar su sabor.

funche - cocido de harina de maíz con manteca, sal y leche. Conocido también como *polenta* y *marota*. Puede acompañar otros alimentos.

gratinar - tostar por encima en el horno.

guanime - tipo de surullo hecho de harina de maíz, sal, azúcar, leche de coco y agua. Se enrollan en hoja de plátano engrasada, amarrado en los extremos y se hierven.

guarapo - té preparado con hojas medicinales. Líquido que se saca de la caña de azúcar.

guarnición - alimento que se sirve para acompañar al plato fuerte o principal.

habichuela - judía verde en España. También alubia, frijol y poroto.

hallaca - pastel de masa de maíz relleno con carne de cerdo, pescado o pollo. También se conoce como *hayaca.*

hollejo - es el pellejo o piel delgada seca que cubre algunas frutas y legumbres. Aquí se refiere al de la mata de guineos verdes y plátanos que se utilizaba para amarrar los pasteles.

jibe - cedazo

juliana - corte en tiras finas de hortalizas y vegetales

lascas - ruedas, rebanadas o lonjas

laurel - hoja conocida como hierba de olor. Se usa seca en sopas, carnes y salsas.

legumbres - fruto formado por una vaina que encierra en su interior unas cuantas semillas: garbanzos, guisantes, habas.

longaniza - pedazo largo de tripa angosta rellena de carne de cerdo picada y adobada con sal, ajo, pimienta, orégano, y se le da color con achiote.

mabí - en Puerto Rico, un árbol cuya corteza se usa para preparar una bebida del mismo nombre.

macerar - marinar. Remojar la carne o pescado por varias horas en vinagre, aceite, licor o jugo de fruta y especias.

machacar - macear. Golpear la carne con un mazo para ablandarla al romper sus fibras.

maicena - fécula de maíz y almidón, usado como espesante en cocidos y para darle sustancia a ciertos postres.

mechar - insertar en la carne trozos de otros alimentos o condimentos.

menudencias - vísceras de animales

mondar - pelar

mondongo - en Puerto Rico, plato hecho con partes del estómago e intestino de la res, patas de cerdo y partes carnosas. Se conoce como *toalla* y *fuerza.*

pana - panapén.

panapén - pana, vegetal de pulpa blanca y cáscara verde, que puede prepararse de varios modos: hervido, frito, majado, en postre, como plato principal, aperitivo o ensalada. Es alto en carbohidratos, en Vitamina C y contiene mucha fibra y potasio.

paprika - pimiento morrón seco y molido usado en salsas, carnes y pescados. Le da color a la comida.

pasapalos - porciones pequeñas de comida o bocaditos para comerse antes del plato principal o con ciertas bebidas. Se conocen también como *pasabocas, entremeses, canapés, tapas* o *aperitivos.*

paté - pasta preparada con hígado

polvo de hornear - levadura (baking powder)

presas - se refiere a los pedazos o partes del pollo

pudín - budín, postre elaborado de varios ingredientes y modos

quingombó o guimbombó (Vocablo popular: guingombó)- originario de
   Africa, fruto alargado, casi cilíndrico y lleno de semillas. Puede servirse
   hervido, frito o guisado.

rallar - guayar, en Puerto Rico, desmenuzar alimentos usando un rallador o
   guayo.

recao - el conjunto de hierbas (cilantrillo, culantro, cilantro, perejil, orégano
   brujo, ajíes dulces) usadas para condimentos que se utilizan para sazonar la
   comida. También se le llama *recaíto*.

remojar - dejar un alimento en un líquido por varias horas.

res - animal vacuno: carne de res.

rodillo - utensilio de forma cilíndrica que se usa para estirar masas,
   especialmente de harina de trigo cuando se preparan pastelillos o panes.

saltear - freír ligera y rápidamente en poca grasa para cocinar o dorar un
   alimento.

sazonar - condimentar o aliñar un alimento para sabor.

sellar - cocinar a fuego alto por poco tiempo para darle una cubierta bien
   dorada a la carne y retener los jugos.

sofreír - freír en aceite y a fuego lento los alimentos hasta dorarlos

temperatura ambiente - temperatura normal de la cocina

viandas - son tubérculos que se usan en los guisos, sancochos y postres. Por
   lo general, se cocinaban en agua con sal y se servían con algún tipo de
   carne o pescado. Hoy día se sirven como aperitivos, platos principal, hasta
   postres y como meriendas. Se conoce como *verduras* en partes de Puerto
   Rico.

vieira - molusco comestible, cuya concha es la venera

Abreviaturas

*Las siguientes son algunas de las abreviaturas que usamos en muchas
de las recetas:*

#	después del número, indica libra
lb	libra
oz	onzas
cda	cucharada
cdta	cucharadita
pqte	paquete
=	equivale a

Referencias

Carafoli, John F. ***Food Photography and Styling***, New York, 1992.

Clave, Diccionario de Uso del Español Actual, 4ta Ed., Madrid, 2000.

Diccionario de los Usos Correctos del Español, Buenos Aires, Argentina, Angel Estrada y Cía., S.A., 1996.

Diccionario panhispánico de dudas, Real Academia Española, 2005.

El Cocinero Puerto-Riqueño ó Formulario, San Juan, Puerto Rico: Ediciones Puerto (Edición de José Carvajal), 2004

El Pequeño Larousse Ilustrado, 2002.

Harper CollinsSpanish Unabridged Dictionary, 7th Ed., 2003.

Miller, Paul G. ***Historia de Puerto Rico***, New York, NY 1946.

Merriam-Webster's Collegiate Dictionary, 11th Ed, 2003, Springfield, Massachussets, USA.

Simon & Schuster's International Spanish/English Dictionary, 2nd Ed., New York, NY, 1997.

VOX, Diccionario de Uso del Español de América y España, New York: The McGraw-Hill Companies, Inc., 2004.

Notas